历史源流系列

普天佛香

宋辽金元时期佛教

PUTIANFOXIANG

SONGLIAOJINYUANSHIQIFOJIAO

熊江宁 著

大象出版社

安乐窝遗址

河南辉县百泉，宋代大儒、理学家邵雍安乐窝遗址。

慈悲·和谐·至善·超越

——编者的话

佛教源于印度次大陆，东汉时期传入中国，经本土化的融合、传播与发展，逐渐成为中华民族文化的重要来源和组成部分。因此说，佛教是中国历史进程中一个不可忽略的因素。其思想理念对治国大业、社会和谐均有着十分深刻的影响，其义理主张更有助于协调人与人、人与环境之间的矛盾，提升人的精神境界。其所倡导的大慈大悲救苦救难，追求内心平静人生和谐；其讲求心灵、言行至善至美的准则，告诫人们不断超越自我的智慧，更是为众生提供了心灵的慰藉和依归。

中国佛教作为重要的文化存在，在数千年的中国历史文化传承中，遗留了大量经典，创造了许多重要的文化艺术成果，留下了众多名胜古迹。我们可以去芜存菁，从中了解、欣赏、学习中国佛教的优秀精神境界和光辉灿烂的文化艺术成就，来提升自身的文化、艺术品位及修养和价值取向。许多名胜古迹既是传统文化传扬之地和人们修心养性的悠游之所，同时也是许多地方的重要旅游经济资源。

《中国佛教文化之旅》系列丛书的编辑理念就在于，它既视佛教为宗教，又视佛教为文化，更视佛教为能给普通大众的现实人生提供解决实际问题的一种智慧，从这三个维度来向读者传述中国佛教。其在编排手法上突出五大特色。一是知识性：全面解读有关中国佛教的历史、宗派、神祇、建筑、文化、艺术等知识；二是鉴赏性：图片、设计、印制力求精美，成为人们爱不释手的典藏之品；三是实用性：面向今人的人生和生活实际，把中国佛教纳入中国历史、文化艺术和人们现实生活的框架中，为人们提供一种避开苦难而走向幸福的选择；四是收藏性：它是一个整套的、分类的、成系列的图文书，内容包含史事、人物、仪轨、教义、器物等相关知识，成套在手，一览无余，益于收藏；五是资料性：大量图片和文献资料的引用，使本书具备参考价值，读者可对佛教掌故、高僧大德、经典名著、文化艺术和名山名寺等随查随考。

这是一套图文并重、全四色彩印的系列丛书，全套书取九九归原之寓意，编排为历史源流系列、宗派系列、神祇系列、建筑造像系列、法事文化系列、艺术系列、名山胜寺系列，7大系列，凡81册，合在一起即可对中国佛教进行系统、权威、深刻、生动、简明的研读。它既考虑到了对中国佛教宏观精髓做全面性和系统性的把握，又注重了中国佛教中最闪亮、最重要、最有代表性和对今天有益的方面。它尽可能地做到要言不烦、准确到位。当然，我们希望做得尽善尽美，对得起广大读者方家；但由于佛教本身的博大与深奥，知识的庞杂与微妙，鉴于我们才疏学浅，在分类、取向上可能有不妥之处，内容、文字上的错讹也在所难免，真切希望广大读者若发现谬误之处，及时提醒，我们定会尽可能地及时予以纠正，祈愿能够为我们的社会文明提供更多更好的精品佳作，这也是我们由衷的诉求和愿望。

林言椒

目录

【小专题目录】

李清照

宋代词人，李清照纪念堂内的李清照塑像。

西夏壁画

西夏壁画：文殊菩萨及坐狮，甘肃榆林窟3窟西壁北侧。

青史永铭记——重要事件

赵匡胤像

宋太祖赵匡胤（927—976 年），宋朝开国君主，涿州（今属河北）人。

宋辽金时期，多个政权并立，是小范围内统一、局部征战的时代，在元朝走向短暂的大一统。然而，无论世事如何变幻，已经扎根于中国大地的佛教，在这一时期得到了稳定的发展。禅宗大振、净土兴起、藏传广播，佛教思想与儒家思想进一步融合，并与社会和政治有了比以往更家密切的结合。

长江东逝水
——时代背景

五代十国是中国历史上继南北朝之后，又一个政权更迭频繁、国家长久处于分裂之中的时期，直到后周大将赵匡胤陈桥兵变、建立宋朝，之后逐渐结束了割据的局面，达到了一定范围内的统一。从 960 年北宋建立，两宋、辽、金、西

陈桥镇的陈桥驿

河南新乡封丘县陈桥镇的陈桥驿是宋太祖黄袍加身处。

夏多个政权的存在，到短暂统一的元朝政权于1368年终结，中国社会呈现出许多新的特点，而佛教也在这样的历史长卷中得到了新的发展。

由于少数民族政权的建立，北宋时期，版图比以往的朝代缩小了许多。北方游牧民族契丹建立的辽国，在五代时就已经发展起来。宋朝建立后，双方曾经多次交兵，也一度订立盟约，约为兄弟之国。可以说，宋朝时候的帝王，已经从“溥天之下，莫非王土”的骄傲中开始面对并列政权存在的事实并对其加以承认。这一时期，还有党项族建立的西夏国，以及女真族建立的金国，他们与宋朝之间虽然征战不断，但也受到了汉地文化的深刻影响，佛教在辽、西夏、金的统治地区也得到了广泛的传播。

1125年，金与宋联合灭辽，灭辽之后金进攻北宋。1127年，金军掳走宋徽宗、宋钦

石雕兽
河南巩义市北宋皇陵石刻群像之一，北宋时期的石雕兽。

兵马俑群
北宋兵马俑群，天津。

东坡楼

四川乐山凌云山东坡楼，始建于宋，原名“载酒堂”。

宗，北宋结束。同年，赵构在南京（即应天府，今河南商丘）称帝，后定都临安（今浙江杭州），史称南宋。南宋军民积极对抗金军的进攻，宋金对峙，直到1234年蒙古军队灭金。1276年元军占领临安，南宋灭亡。虽然元朝政权时间短暂，而且是少数民族建立的政权，我们却可以看到，无论是宋朝，还是元朝，对待佛教都保持着尊崇的态度，佛教一方面扩大着在广大民众中的影响，另一方面和皇权的关系比以往更加紧密。

宋代虽然在政治与军事上积贫积弱，但是在文化上却并不逊色于任何一个朝代。宋词是继唐诗之后的又一种文学体裁，宋代是中国历史上词风最盛的时代。这个时期，著名的文学家还有名列“唐宋八大家”的欧阳修、“三苏”、王安石、曾巩。韩愈、柳宗元是唐代古文运动的领袖，欧阳修则是宋代古文运动的领袖。此外，“三苏”等人是宋代古文运动的核心人物。他们掀起的古文革新浪潮，使散文的面貌焕然一新，在中国古代文学史上留下了辉煌的篇章，他们在文章中也表达着自己对佛教的看法，并且与佛教高僧有颇多往来。

宋代儒家的发展也极其引人注目。北宋五子、理学与心学，在中国

北宋皇陵石刻

河南巩义市北宋皇陵石刻群像之一，北宋时期的石刻。

佛头像

宋代佛头像。

苏轼像

苏轼，号东坡居士，北宋文学家、书画家。

思想史上都具有独树一帜的地位。宋代儒家思想受到佛家尤其是禅宗的巨大影响，两者之间的比较研究至今仍是学者津津乐道的话题。

这一时期艺术也得到很大发展，北宋徽宗时还曾一度设立画学。宋代多数帝王如仁宗、神宗、徽宗、高宗、光宗、宁宗等人都对绘画有不同程度的兴趣。宋代绘画是中国绘画艺术发展的高峰，它所反映的广泛的现实生活内容，在绘画史上极为突出，元明清绘画中的风格样式及理论大多可在宋代绘画中找到根据。这一时期敦煌壁画、榆林石窟的壁画都体现出比以往朝代更加成熟的艺术表现手法。同时，由于禅风兴盛，禅诗与禅画也得到很大发展，留下许多佳作。

宋代的商业一度发展迅速，大城市里商业店铺很多，张择端的《清明上河图》就描绘了东京汴河沿岸街道的繁华景象。南宋时

观音菩萨像

宋代铜观音菩萨像。

《江山秋色图》（局部）

宋代，赵伯驹绘，卷画。赵伯驹，南宋画家，宋太祖七世孙。擅长青绿山水，笔法秀劲，设色清丽，改变了唐人浓郁的画风。

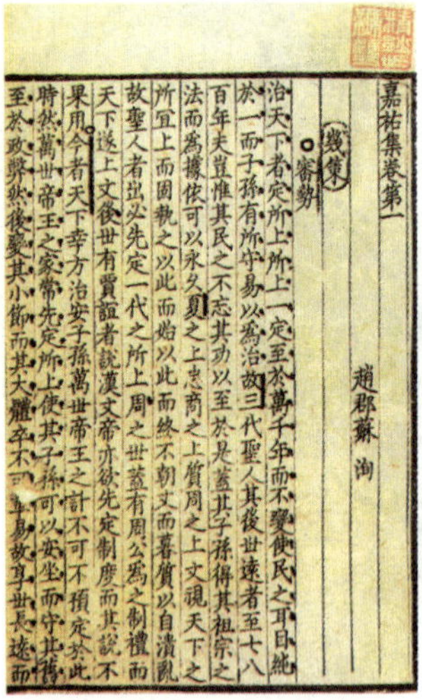
嘉祐集卷第一
趙郡蘇洵
幾策
審勢
治天下者定所上所上一定至於萬千年而不變使民之耳目純
於一而子孫有所守易以爲治故三代聖人其後世遠者至七八
百年夫豈惟其民之不忘其功以至於是蓋其子孫得其祖宗之
法而爲據依可以永久夏之上忠商之上質周之上文視天下之
所宜上而固執之以此而始以此而終不朝文而暮質以自潰亂
故聖人者必先定一代之所上周之世蓋有周公爲之制禮而
天下遂上文後世有賈誼者說漢文帝亦欲先定制度而其說不
果用今者天下幸方治安子孫萬世帝王之計不可不預定於此
時然萬世帝王之家常先定所上使其子孫可以安坐而守其舊
至於政弊然後變其小節而其大體卒不可[illegible]易故享世長遠而

宋蜀刻小字本《嘉祐集》

《嘉祐集》是唐宋八大家之一苏洵的文集。

候因为港口的发展，对外贸易东达日本、朝鲜，西至非洲一些国家。

在这样的社会背景下，佛教的发展呈现出更加本土化、深入化、广泛化和稳定化的特点。佛教基本没有遭遇到类似隋唐五代时期的磨难和倒退，而佛教信仰也更加深入民间。由于印刷技术的发展，又有前朝佛经翻译的良好基础，这一时期的佛经印刷也得到了前所未有的发展。佛经的印刷流传，对于佛教思想的传播起到了巨大的推动作用。

虽然宋代的疆域范围有限，但是文化与思想的传播没有界限，佛教在整个中华大地上的影响比起以往可以说是更加广大，因此虽然宋代没能做到“溥天之下，莫非王土”，中华大地却都有佛香缭绕，佛乐飘飘。到了元代，由于疆域的扩大加上设立佛教国师的影响，佛教更是得到了巨大的发展。

卧佛石像

宋代卧佛石像。

佛法重光
——宋代重修五台与峨眉寺院

宋代自赵匡胤陈桥兵变到元灭宋，从960年到1279年，经历了南北之分，加在一起前后320年，是秦汉统一后历代王朝中维持时间最长的一个朝代。宋初，由于国家统一，社会经济恢复，佛教得到了较大发展。

宋代的寺院兴建

宋太祖赵匡胤出身于武将，本身并没有深厚的佛教信仰，但是作为一个经历过前朝的帝王，他鉴于周世宗限佛不仅给予佛教沉重打击，还影响到许多地区民众的安定，因此他下令停止毁佛，并且以重兴佛教为稳定北方与争取南方割据势力的一种措施与政策。

在这种情况下，宋初就停止了废毁寺院，并且广建寺院，鼎盛时全国寺院近4万所。太宗即位后，派内侍前往五台山，造金铜文殊菩萨像，并下诏重修五台十寺，又派遣内侍前往成都，造金铜普贤菩萨像，高两丈，安放于峨眉山普贤寺之内，并且为此建立佛阁。

宋代还广造佛塔，以多檐多角的为常见，佛塔分布广泛，数量众多，仅江西一省遗留下来的就不下数十处，同时，宋代的佛塔还非常具有特色，材料多样，是我国古代建筑中的重要代表。

宋代帝王与佛教之间并没有像隋文帝或者唐太宗那样深厚的渊源，也没有特别虔诚的信仰，但宋代帝王对待佛教的态度基本是一致的，多采取了比较理性和客观的态度。宋太宗曾说，佛教对政治有帮助，必须“存其教”，但决不能像梁武帝那样沉溺其中，

观音像

宋代景德镇窑青白观音像。

普贤菩萨金像

四面十方普贤菩萨金像，四川峨眉山金顶。

千手千钵文殊菩萨像

山西忻州五台山，显通寺千钵文殊殿内千手千钵文殊菩萨。

甚至将自己舍到寺院中，而丧失君主至高无上的权威地位。因此，他在扶植佛教的同时，还多次发布诏书约束寺院扩建，限定僧尼人数。

宋代僧尼人数的变化

宋太祖时候曾普度行童 8000 人，以重开佛教作为取得南方吴越等奉佛诸国拥戴的重要措施。到了太宗时期，宋代僧尼数量有了巨大发展，太平兴国元年（976 年），还曾一次普度行童 17 万人。

宋真宗在位时，维护佛教，在京城和各路设立戒坛 72 所，放宽了度僧名额。天禧五年（1021 年），僧将近 40 万人，尼 6 万多人，全国僧尼比宋初增加了很多。

宋神宗时，因年荒、河决等灾害发生频繁，国家需要大量资金赈灾，开始卖度牒来收费。那时，贵族私建或侵占的功德坟寺很多，这

玉泉铁塔

玉泉铁塔，原名"如来舍利宝塔"，又称"千佛塔"，建于北宋嘉祐六年（1061 年），塔身全为生铁铸造，高 17.9 米，共 13 层，重 10.66 万斤，是中国现存最高、最重、最大的铁塔。

彩绘木雕

宋代菩萨漆金彩绘木雕像。

高浮雕金刚力士

北宋年间石棺镇墓石上的高浮雕金刚力士。

些寺院都拥有相当数量的田园、山林，得到豁免赋税和徭役的权利。由于寺院经济富裕，甚至办起商店以牟利。

仁宗景祐元年（1034年），僧尼数量开始下降，到神宗熙宁元年（1068年），全国僧人只有22万多人，减少了41%以上，但是和宋初及之前的朝代相比，僧尼数量仍然可算十分庞大。

南宋帝王对待佛教的态度

宋代佛教遭受的唯一一次来自帝王的打击发生在北宋末年。宋徽宗崇奉道教，自号“教主道君皇帝”，曾经诏称：佛教属于“胡教”，虽然不能废止，但对中国礼义有害，因此不能不加以变革。徽宗下诏，强制僧尼改称道教名号，改僧尼寺院为道教宫观，改佛、菩萨称谓为道教名号，这一做法推行不久，徽宗就被金兵俘虏，因此对佛教的影响并不算大。

宋金质佛寺供养钱

1988年山西五台山出土，金钱正面刻有“淳化元宝”字样，背面刻有左立、右坐两尊佛像，两尊佛像下都有莲花座。

南宋之后，高宗对佛教取折中态度，既不毁其教灭其徒，也不崇其教信其徒，他采取的措施之一，是停止发放度牒，以保持现有的僧人数量，使出家者自然减员；二是征收僧道“免丁钱”，后又改为“清闲钱”，赋金数额是一般丁口的好几倍，以此限制寺院招收新的僧人。

但由于内外交困，南宋王朝实际对于佛教有更多的寄托，故重启求助仁王护国的惯例，诏建“护国金光明道场”，以期望佛教“为国祈福”。而从佛教自身的发展来说，这一时期，世间性的强调比以往任何时候都要强烈，这也和时代有着紧密的联系。

因此，宋代对于佛教虽然偶有限制，并且文人中也曾经出现过“排佛”的声音，但是，在朝廷总体并不反对甚至有所寄望的情况下，两宋之际佛教的影响日益扩大。

纹镜

宋代道教人物纹镜。

小专题

度牒

度牒，也叫戒牒，是中国封建时代政府对于依法得到公度的僧尼所给予的证明文件。北魏时代就已经有了这种制度。唐开元十七年（729 年）下诏令天下僧尼每三年造籍册，天宝六年（747 年）令天下僧尼隶属于两街功德使，并由尚书省祠部司出具文件，称祠部牒。宣宗大中十年（856 年）开始授予受戒者证明文书，称戒牒。无度牒之僧侣，称私度僧，并不为官方所承认，直到清代为止，代代沿用。

一般而言，度牒颁予试经即得度之际，作读经或解释经论之考试合格者，但是仍然免不了趋附特恩或者缴纳香火钱以购度牒等情况。唐代以后，牒本用绢本，至宋真宗，改用为纸本，上面详载僧尼的本籍、俗名、年龄、所属寺院、师名以及官署关系者的连署。僧尼持此度牒，不但有了明确的身份，可以得到政府的保障，同时还可以免除地税徭役。

宋代度牒，不仅有法定的价格，而且它的价格还随使用范围的扩大而与日俱增。元丰七年（1084 年）规定度牒每道为一百三十千钱，元祐间定价为三百千钱。南宋绍熙三年（1192 年）又改定价为八百千钱。可见元丰至绍熙百年间，度牒价格增幅达到了 6 倍以上。

由于领到度牒之后，可以免丁钱避徭役，保护资产，因此豪强兼并之家，有不少公然违反律法，买卖度牒，从中取利，甚至有伪造度牒的情况发生。到了南宋时，因疆域缩小，朝廷收入减少，所以连持有度牒的僧尼，也不能免除税役。不过他们还可以享受其他种种权利，度牒仍有它一定的价值，所以各州县还有出卖亡僧度牒而不缴申祠部的情形。北宋名僧惠洪就曾因此而入狱。

宋代银罗汉

山东济南长清宋代真相院释迦舍利塔地宫出土。

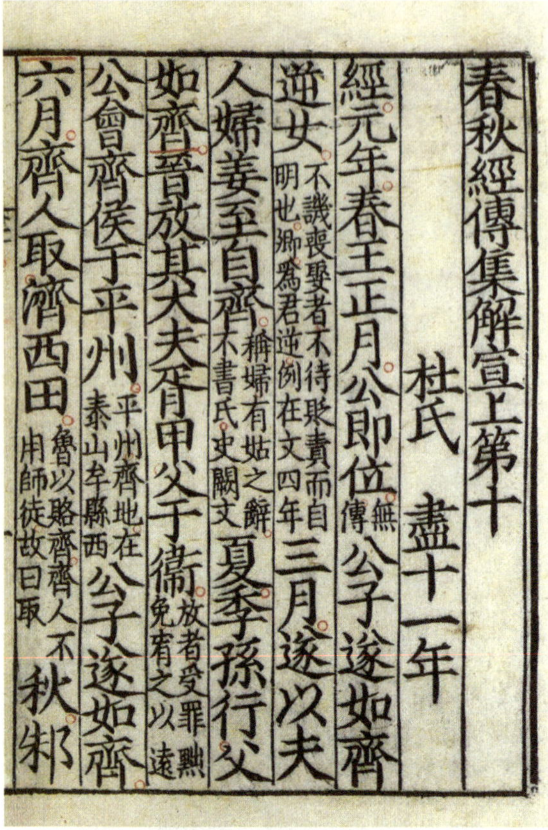
春秋經傳集解宣上第十
杜氏　盡十一年
經元年春王正月公即位無傳公子遂如齊逆女不譏喪娶者不待貶責而自明也卿爲君逆例在文四年三月遂以夫人婦姜至自齊稱婦有姑之辭不書氏史闕文夏季孫行父如齊晉放其大夫胥甲父于衛放者受罪黜免宥之以遠公會齊侯于平州平州齊地在泰山牟縣西公子遂如齊六月齊人取濟西田魯以賂齊齊人不用師徒故曰取秋邾

《春秋经传集解》

宋蜀刻大字本《春秋经传集解》。

无上法洋
——宋版印刷《大藏经》

五代以来，我国木版雕刻技术有了很大的发展，到宋代，对于佛教的《大藏经》，开始采用木刻进行印刷，这对于宋代佛教的发展无疑起到了巨大的推动作用。

第一部汉文木版印刷《大藏经》

宋代300余年间，官、私刻藏《大藏经》共有五种版本，这也是宋代佛教的一大特点。这五种版本中第一种为官版，就是著名的《开宝藏》。

开宝四年（971年），宋太祖敕令开雕中国有史以来的第一部汉文木版印刷《大藏经》，以唐长安西崇福寺沙门智升撰于唐玄宗开元十八年（730年）的《开元录》中所收入藏经目录为底本，陆续收入新译佛经和《贞元录》中诸经，从开宝四年到太平兴国八年即从971到983年，费了12年工夫在益州刻成，因此也称蜀版。

《开宝藏》共雕版13万块，480帙，《千字文》编次天字至英字，采用卷轴式，共5048卷；每版23行，每行14字，版首刻经题、版数、帙号等；卷末有雕造年月干支题记。首刻全藏印本曾于北宋雍熙元年（984年）传入日本。此后，还经过三次比较重要的校勘修订。

之后由于宋代译经的发展，陆续有新译本增入，到北宋末年，已积累到653帙，6628卷，增入173帙，1580卷。《开宝藏》以书法端丽严谨、雕刻精良著称，用宋代官用文书的黄麻纸精工印刷，堪称宋版精品。

函谷关

函谷关位于河南灵宝北 15 公里处的王垛村，地处“长安古道”，紧靠黄河岸边。因关在谷中，深险如函而得名。它是我国建置最早的雄关要塞之一，西据高原，东临绝涧，南接秦岭，北塞黄河，是东去洛阳、西达长安的咽喉。

无影塔

武汉市洪山公园无影塔，建于宋代。

官方刻经不仅影响到民间，还影响了辽、金和西夏，刻经之风由此盛行，它的印本成为后来中国一切官私刻藏以及高丽、日本刻藏的共同准据。

其余4种都是私刻，包括福州东禅等觉院版（《福州藏》，又称《崇宁万寿大藏》，简称《崇宁藏》）、福州开元寺版（《毗卢藏》）、湖州思溪圆觉禅院刻版（《圆觉藏》）、平江碛砂延圣禅院版（《碛砂藏》），从《崇宁藏》起首次采用折装式装帧，版式为每版30行，折为5个半页，每半页6行，每行17字，之后直到明代的《永乐南藏》等7种版本《大藏经》都按此版式不变。《碛砂藏》刻至咸淳八年（1272年）以后，后人元代才继续刻成。

宋代佛经翻译事业

宋代不仅有著名的《开宝藏》，佛经翻译事业也重新开展起来。宋代译经始于太宗太平兴国五年（980年），由于中印度僧人法天、天息灾、施护先后来京，因而朝廷设立译经院，恢复了从唐代元和六年（811年）以来久已中断的佛经翻译。由于东土译经的重新开展，印度等国僧人送赠梵经来中国者络绎不绝，从宋初到景祐年间，有80余人。

由于译经院同时也培养翻译人才，因此改名传法院，又为管理流通大藏经雕版而附设印经院。宋朝的译经院，组织比较完备，分工比较明确，译场人员分成译主、证梵义、证梵文、笔受、缀文、参详、证义、润文等，负责不同职能。

译经院从太平兴国七年（982 年）起，逐年译出新经，前后共有比较知名的译家十余人，其中惟净、慧询、绍德等僧人都是由传法院培养出来的中国翻译家。宋代译经多属小部，就其种数而言，几乎接近唐代所译之数，因而曾经三度编撰新的经录。所译佛籍中，密教占绝大部分，但密教本身的传播，在宋代则远没有唐代那样的规模，即使对它的经典翻译，也是受国家直接控制，并加以选择。

其后因缺乏新经梵本，景祐二年（1035 年）后，译经活动逐渐消沉，熙宁四年（1071 年）废译经院，译事时断时续，一直维持到政和初年（1111 年）为止。

海会寺

山西晋城海会寺（龙泉寺）宋代砖塔（顶部）。

嵖岈山

嵖岈山位于河南遂平境内，山势嵯峨，怪石林立，具有"奇、险、奥、幽"的特点。其历史悠久，人文璀璨，是中央电视台《西游记》的主要外景拍摄基地。

孔子庙

宋真宗谒孔子庙图。

儒佛交辉大宗师
——宋代儒家与佛教的关系

宋代虽然社会动荡，但是传统儒学再次得到改造，形成所谓“道学”或“理学”，而佛教的思想对理学家也产生了很大影响，儒学和佛学的发展都呈现出新的特点。

宋代佛教与儒学融合的新特点

从中唐开始，中国文化就呈现出儒、释、道三教合流的发展态势。而宋代的儒学把“王法”伦理化和学术化，并且更突出地强调忠孝节义。

由于宋代儒家的影响和宋朝的时代背景，佛教主动向儒学靠拢，力图调和与儒学之间

广济寺

广济寺位于北京市内，又称“弘慈广济寺”，初名“西刘村寺”，创建于宋朝末年。中国佛教协会所在地，为汉族地区佛教全国重点寺院。

的关系，这成了宋代佛教的重要理论发展方向。北宋僧人契嵩曾说：“儒、佛者，圣人之教也，其所出虽不同，而同归于治。儒者，圣人之大有为者也；佛者，圣人之大无为者也。有为者以治世，无为者以治心。”后来，由天台宗名僧智圆概括为儒、释应“共为表里”，即“修身以儒，治心以释”，这可以说是对儒佛关系最有中国本土特色的阐发。

同时，宋代佛教也开始吸取忠孝节义作为自己新的教义。契嵩的名著《辅教编》里有《孝论》十二章，专“拟儒《孝经》发明佛意”，以佛教的五戒比附儒家的五常，又说佛儒两者都教人为善，有相资善世之用。

最初宋代道学的重点不限于口头空谈，宋代佛学与儒学同气相应，也与社会现实相结合。北宋末年，由于战乱频仍，忠君爱国

孔庙杭州碑林

南宋太学石经，浙江杭州孔庙杭州碑林。

小专题

理学

又称道学，宋元明清时期的哲学思潮。它产生于北宋，盛行于南宋、元、明时代，清中期以后逐渐衰落，理学创始人周敦颐，其影响一直延续到近代。广义的理学，泛指以讨论天道性命问题为中心的整个哲学思潮，包括各种不同学派；狭义的理学，专指以程颢、程颐、朱熹的思想为代表的、以理为最高范畴的学说，即程朱理学。理学是北宋以后社会经济政治发展的理论表现，是中国古代哲学长期发展的结果，特别是批判佛家与道家哲学的直接产物。理学在中国哲学史上占有非常重要的地位，它持续时间很长，社会影响很大，讨论的问题也十分广泛。

宋代摩崖石刻

山东泰山的宋代摩崖石刻，位于唐代摩崖石刻东侧，刻于宋大中祥符元年（1008年），宋真宗赵恒撰书并篆额“登泰山谢天书述二圣功德之铭”。

成了当时做人的最高标准，这在当时的佛教中也有相应的反映。两宋之际的禅宗领袖宗杲，曾用“忠义心”说来解释作为成佛基石的“菩提心”。

可以说，面对外来压力的宋代佛教，具有前所未有的社会意义，同时也促进了儒学的发展。

宋儒对待佛教的态度

宋代初年，国家就制定了以儒治国的方针。景德二年（1005 年），真宗封禅到曲阜，谒孔子庙，谥孔子为“至圣文宣王”，仁宗庆历五年（1045 年），又敕封孔子四十六代孙为“衍圣公”，儒学大盛。

宋代的帝王虽然没有采取排佛的政策，但是宋朝的文人却往往要以抨击佛教来为儒学正名。庆历元年（1041 年），欧阳修撰《本论》，认为佛教在中国为患，是“王政缺”、“礼义废”的结果，只要“王政修明”，“礼义之教充于天下”，则“世虽有佛，无由而入”。此外，孙复的《儒辱》、石介的《怪说》、李观的《潜书》等均以传统的伦理观点，对佛教进行排斥。但是儒者中也出现了调和之说，如名臣张商英、名将李纲等，都以为佛与儒在教化上不可偏废。而这一时期，儒者在思想上、修养上多受到佛家思想的影响。

到理学兴起之后，排佛更是成了

宋代石塔

重庆塔坪寺内的宋代石塔，建于宋乾道三年（1167 年）。

新儒学的重要议题。程颢抨击佛教："其术大概且是绝伦类，世间不容有此理。"程颐批评禅僧："今之学禅者，平居高谈性命之际，至于世事，往往直有都不晓者，此只是实无所得也。"

但实际上，宋代理学家一方面激烈地批判佛教禅学，另一方面却都或多或少地受到佛教禅学的浸染。佛禅对宋代士人的精神面貌和文化行为都产生着影响，从而在他们身上体现出不同程度的禅学造诣。

因而，宋代之时，禅宗在士大夫阶层中广泛流行，使宋代的居士禅现象远胜前朝，而宋儒在建构理学过程中，大量地接受了佛禅思想，以致后人对宋代理学有"外儒内禅"的评价。

理禅融会的现象促成了宋文化特质的形成，有人说"宋儒之学，其入门皆由于禅"。因此，唯有从理学与禅学相交融会的角度来解释这些文化特质，才是比较有说服力的。

中江北塔

始建于北宋的四川中江北塔。

理学名著《二程先生全书》

二程是北宋哲学家程颢、程颐，二人开创洛学，奠定宋明理学的基础。

北宋五子与佛教的渊源

周敦颐是宋代理学的开山祖师，他与禅学的关系甚为密切。《宋元学案》记载他曾师事润州鹤林寺寿涯禅师，在《释氏通鉴》、《云卧纪谈》、《居士分灯录》等佛禅典籍中，都有周敦颐向佛印了元、晦堂祖心等禅师参问佛事、偈颂往来的记载。周敦颐从禅僧处多得体悟之道，所以他于日常生活中很注意随时随处地观察和感悟。

张载虽然劝世人只读儒学，勿读佛老，但是他本人却深入佛家典籍，钻研颇深。他受佛禅影响最为明显的，当属他的名篇《西铭》。《西铭》所说的“民吾同胞，物吾与也”，与佛禅所谓的物我平等、见性成佛极其一致，而从中得出的“存，吾顺事；没，吾宁也”的结论，又与佛禅超越生死内外、随缘自适的无差别境界相通。

禅学的濡染在程颢身上首先表现为对禅家风度的赞赏，其次是禅家教义对他理学思想的影响。他的《定性书》的精神内核与禅学一脉相承，而程颐也很得佛家的禅坐功夫。

小专题

北宋五子

北宋五子是北宋初年五位著名的思想家的统称，即邵雍、周敦颐、张载和二程。邵雍为北宋五子之首，谥号康节，他重新编排了《周易》的六十四卦，试图揭示宇宙规律，进而解释人类命运。周敦颐为宋代理学宗祖，结合《周易》解释太极，为“理”生万物的理论提供了依据，弟子有程颢、程颐等。鲁迅（周树人）、周作人、周恩来均为其后人。张载，字子厚，陕西人，他的学说又被称为“关学”，世称张横渠，与二程是亲戚。二程中的程颢为兄长，人称“明道先生”。程颐，为程颢的弟弟，人称“伊川先生”，兄弟二人并称“二程”，皆为北宋著名思想家、理学的创立者。

邵雍像

邵雍像。

理学、心学与禅宗之关系

大儒朱熹与佛家关系更是深厚，朱熹曾向大慧宗杲的弟子道谦请教禅悟之要。道谦去世后，朱熹作祭文以示怀念。《居士分灯录》甚至将朱熹列为道谦法嗣。朱熹对宗杲禅学十分熟悉，对宗杲本人也怀有敬仰之意。他还与当时一些有名的禅师有交往，并且一起讨论禅法，由此可见朱熹的禅学修养应当很深。

因此，朱熹虽然攻击陆九渊心学是禅学，殊不知他本人的言论中也大量充斥着佛言禅语。比如他的理一分殊理论，就吸收了华严宗和禅宗的思想，禅宗玄觉禅师在《永嘉证道歌》中说：“一性圆通一切性，一法遍合一切法，一月普现一切水，一切水月一月摄。”说的就是此意。

陆九渊是心学学派的开创者，自己声称他的学问上接子思、孟子之传，实则深受禅学影响。陆九渊从幼年起就接触佛禅，他批判佛禅“惟利惟私”的出世思想，但对于佛禅的心性本体及觉悟工夫，他更多地采取了消化、改造、吸收等有益的统合态度。

朱陆之争是宋代理学内部最大的分歧，朱熹对陆九渊批评的焦点之一就是他的心学几近禅学。陆氏心学与佛禅的渊源关系为后世所公认。心学发展到明代王阳明那里，被称为“阳明禅”，王明阳的“心外无物”观点与心学理论，亦被后人称为禅学分流。

可见，理学、心学与佛学尤其是禅宗之间具有不解之渊源，虽然理学家自己不承认，甚至还以此来批评他人与佛家的关系，却早已身在此山中。

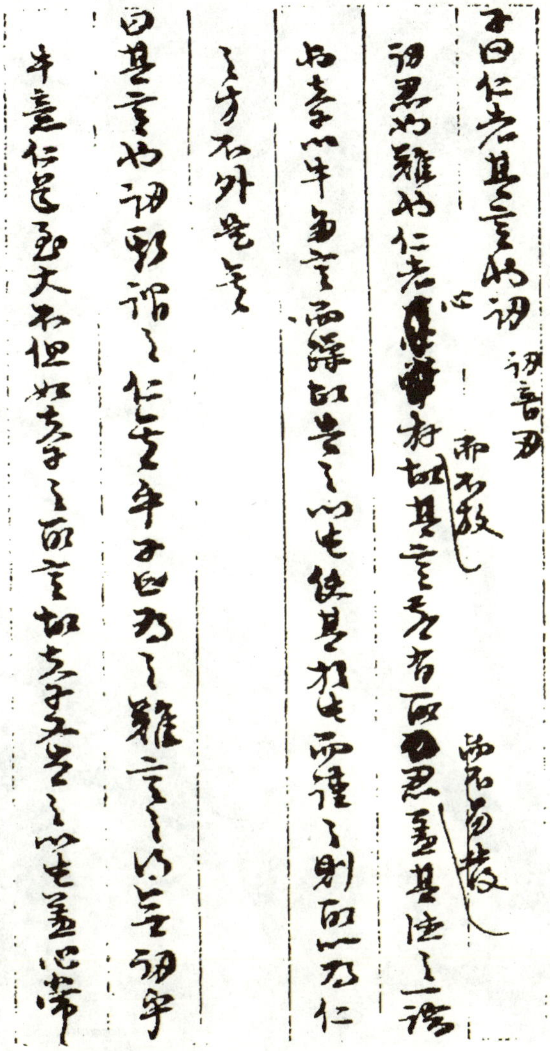

《论语集注》残稿

南宋朱熹《论语集注》残稿。

朱熹的纪念馆

福建省武夷山南宋理学家朱熹的纪念馆。

慧远法师像

清代刻线图，莲社初祖庐山慧远法师。

教戒一致，禅净合一
——宋代佛教宗派的发展

宋代佛教各个宗派都有不同程度的发展，但是最为明显的是净土信仰影响的扩大与禅宗的进一步发展，以及不同宗派间的融合。

宋代净土结社的兴起

据传，东晋时慧远曾在庐山集合僧俗多人共同发愿往生西方净土，由此有了“莲社”的建立。宋代净土信仰发展的同时，以净土念佛为活动内容的法社纷纷创立。诸如省常大师效法庐山莲社故事，创于西湖昭庆寺的净行社，知礼建于明州延庆寺的念佛施戒会，冯揖之发起系念净土会，张轮之发起白莲社等，都是宋代著名的净土结社。

法社的创立者和参加者，僧俗都有。僧侣中既有天台宗、禅宗的，也有律宗的；俗家弟子中既有普通民众，也有官僚士大夫，其中官僚士大夫又往往起到骨干作用。两宋时期，官僚士大夫阶层中参禅盛行，净土结社的活动也比较普遍。这些规模宏大的法社，把佛教僧侣和社会各个阶层联络起来，有效地促进了净土信仰的广泛传播。宋代水陆道场之类的法会盛行，就是在净土结社的影响下，吸取中国的传统信仰和儒家观念的一个重要结果。它将超度亡灵、孝养父母、净土往生和现世利益合而为一，因此为

实胜寺牌楼

民国时期，辽宁沈阳，莲花净土实胜寺牌楼。

世俗社会所普遍接受。

净土寺

北京石景山净土寺。

天台之山外、山家之分

五代时候，国内的佛教典籍多有遗失，僧人义寂因请吴越王遣使从高丽等国求得教典而备受尊重，高丽僧人谛观送来若干论疏，其中以天台典籍为数最多，这对北宋初年天台宗的“中兴”，是一个重要契机。义寂因为学习了谛观所带回中国的天台典籍而成为天台第十二祖，并被赐号“净光大师”。

义寂的弟子义通是高丽人，从义寂受学。又有弟子知礼，从义通学天台教观，真宗赐号“法智大师”，他也是“中兴”天台宗的主要人物。此外，还有义通弟子遵式先攻律学，后从义通学天台教义，真宗赐号“慈云大师”。

宋代天台宗历史上的重大事件就是“山家”、“山外”之争，这也是宋代佛教理论领域中的大事。争论发端于晤恩的《金光明玄义发挥记》，焦点是《金光明玄义》广本的真伪，知礼曾长时间和晤恩、智圆等往复辩难，终因意见不能一致，而分裂为两派，知礼一派获胜，遂自称“山家”，以天台正统自居；持相反意见者，被斥为“山外”，即非正统。后来，经过知礼弟子的不断发挥师说，山家之说代表天台一宗，而盛行于南宋之世。

义通尊者

义通尊者石刻画像。

禅净教戒之融合

宋代佛教发展的一个重要特点，就是禅净教戒的融合。宋代的净土信仰已经遍及佛教各派，成为共同趋向。其中，禅与净土的结合、天台与净土的融会，又是这一共同趋向中的主流。

五代末宋代初的名僧永明延寿是禅净一致说的积极倡导者，他认为佛教的一切修行，最后都要归向净土，并身体力行。他在《净土指归》中对禅净关系作了阐述：“有禅无净土，十人九蹉路；阴境若现前，瞥尔随他去。无禅有净土，万修万人去；但得见弥陀，何愁不开悟。有禅有净土，犹如戴角虎；现世为人师，来生为佛祖。无禅无净土，铁床并铜柱；万劫与千生，没个人依怙。”这种观点对禅众转向兼修净土，影响极大。

宋代天台宗的净土归趣更为显著，其主要代表人物几乎都是净土信仰的提倡者，知礼曾集道僧俗近千人，勤劝念佛，“誓取往生”。遵式著《晨朝十念法》，自约每天清晨念佛，“尽此一生，不得一日暂废”。

此外，另有天衣义怀著《劝修净土说》，以禅僧身份教人修习净土，并主张，净土固然应修，但重点依然在心，也称“唯心净土”，这也是禅宗从六祖开始就有的观点。

宋代整个净土信仰大致可分“念佛净土”与“唯心净土”两种，南宋王日休曾剖析两者的区别，批评了唯心净土，而维护“念佛净土”，以为只有“持诵修行”才是“脚踏实地”，这种比较也反映了佛教由禅、教统一，向禅净真正结合的转变要求。

补衲图

补衲图，南宋画家刘松年所画。此画表现了佛家节俭的生活方式和禅家的信念。

一灯能灭千年暗
——宋代禅宗灯录和语录的编撰

慧能之后，南宗禅继续得到发展，首先在湖南、江西出现了南岳怀让、青原行思两个系别。后来，南岳系分为沩仰、临济两派，青原系分为曹洞、云门、法眼三派，称为五家。宋时，临济宗又分出黄龙、杨岐二派，合称“五家七宗”。兴起于唐代八宗之一的禅宗，成为宋元时期最重要的宗派之一，这一时期的著名僧人几乎都出自禅门。

杭州东方文化园

杨岐禅寺俯瞰。

宋元禅宗的发展

禅宗发展至宋代，五宗内沩仰失传以后即式微，曹洞与法眼当时也都不振。宋初，唯有云门和临济并盛于各地，雪窦重显以《颂古百则》中兴云门，撰写《输教篇》的名僧契嵩也属云门系统，仁宗皇祐元年（1049年），汴京新创禅院，即请云门五世的大觉怀琏住持。但到南宋，云门也逐渐衰微，其传承终于无考。

在两宋禅宗中始终占优势的是临济宗，并由门人黄龙慧南和杨岐方会，形成黄龙、杨岐两个新支派，主要活跃在南方。慧南提出了向临济禅复归的要求，认为“作客不如归家，多虚不如少实”。而杨岐派的一个重要特点，是教学方式上的灵活性，方会认为，接引禅僧时，应循循诱导，步步启发。

南宋时，杨岐进而成为临济的正统。方会的弟子有白云守端，守端的著名弟子是法演，法演也试图“中兴临济法道”。三传为圆悟克勤，圆悟克勤曾就云门宗雪窦重显的著作《颂古百则》加以发挥、讲说，门人录

临济义玄

临济义玄雕像。

成《碧岩录》，为禅学名著。后来黄龙、杨岐两宗还远传于日本。

此外，曹洞宗洞山嫡传的云居道膺一系，绵延不绝，曹洞宗一成立便以批评临济禅的面目出现。两宋之际形成的“看话禅”与“默照禅”，就是临济宗和曹洞宗两种不同倾向的发展。

宋代由于禅寺的经济发展和大寺禅院的兴盛，禅僧同官府及士大夫的交往日益密切，大大推动了禅风的变化，其表现之一，是“不立文字”、“直指人心”的传统，转变成了以阐扬禅机为核心、“不离文字”的“文字禅”。

禅宗灯录与语录

禅宗自弘忍以来，说法用语向大众口语化发展，到了两宋更加形成风气，这种表现于语录的文体，质朴而生动，虽粗鄙却隽永，雅俗共赏，对于禅宗的传播起了很大的作用。因此，编纂“灯录”和“语录”成了宋代禅宗的重要特点。

“灯录”是禅宗创造的一种史论并重的文体，它以本宗的前后师承关系为经，以各

雪窦寺

浙东名刹奉化的雪窦寺，天下禅宗十刹之一。

代祖师的思想为纬，最初发端于唐代的《楞伽师资记》、《历代法宝记》等书。宋代以“灯录”命名，始于北宋景德年间道原的《景德传灯录》。“灯录”之名尤其能够显示出禅宗标榜的“以心传心”、代代不绝的特性。此录共记禅宗的印度与中国的传承52世，1701人，保存了禅宗在唐末五代时期的许多宝贵的史料，更主要的价值是反映了宋初四十余年禅宗发展的基本面貌。

此后，灯录的编撰不断，直到南宋淳祐末年（1252年），普济以《景德传灯录》和《广灯》、《续灯》、《联灯》、《普灯》等150卷灯录为基础，删繁就简，编成20卷的《五灯会元》，算是集灯录之大成。《五灯会元》所述，宗派分明，便于阅读，且文字简练，为宋以后好禅的文人士大夫所欢迎。

灯录之外还有语录。所谓“语录”，是弟子辈对祖师言论的记录。中国传统的佛学，除少数的“论”以外，大都通过对佛教译籍的注释发挥自己的思想。写论有相当的难度，注释非常繁琐，即兴而出的语录正代表了“直指人心，明心见性”的禅宗风格，黄檗希运的《传法心要》、《宛陵录》，慧然所集义玄的《临济录》等都是著名的禅师语录。

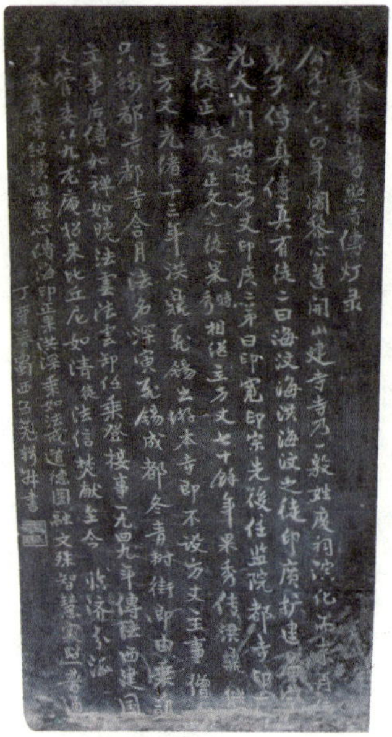

石刻碑

四川都江堰青峰山普照寺〝青峰山普照寺传灯录〞石刻碑。

禅风的变化

所谓公案是指历史上禅宗“大德”的某些言行范例。到了宋代，禅宗不再一味讲求不立文字，很多有意思的“公案”用文字记载流传下来。

用解释“公案”的方式发挥自己思想的做法，开始于临济宗的善昭，他用偈颂形式对100条“公案”加以阐述，称之为“颂古”。之后，云门宗的重显以云门思想为背景也作“颂古”100条。其后，临济宗的克勤禅师应居士张商英的邀请，以重显的“颂古”为基础，在颂前加“垂示”（纲要提示），在颂中加“着注”（重点注释），另加“评唱”（作者见解），编成《碧岩录》10卷。《碧岩录》的影响很大，它把“文字禅”推向高潮，成为后来禅师效法的榜样。

出于克勤门下的宗杲，对于这种禅风表示忧虑，以为“近年以来，禅道佛法衰弊之甚”，就表现在“专尚语言”的文字禅炽盛上。据说他因此焚毁了《碧岩录》的刻板，自己提倡“看话禅”。

宋代砖塔

甘肃环县县城北边的宋代砖塔。

所谓“看话禅”，是对“公案”中那些通晓明白的语句忽略而不问，专门参究被认为是含义深奥不可解的语句。所谓“有解可参之言乃是死句，无解之语去参才是活句”。在禅的实践上要求对“无解之语”作直观的体验，由此得到悟解，这本是不可言说的，但从弘教上说，不能没有言说，结果是变成了借“无解之语”阐发自己的活思想，依然得在语言文字上下工夫。

与宗杲同时的正觉，反对看话禅，认为要达到真正的禅悟，还是静坐看心，名曰“默照禅”。“默照禅”反映了一批传统禅师的趋向，但正觉本人却没有完全遵循“默照”的原则，他亦有《颂古百则》流传。

宋时壁画

农舍图，敦煌石窟宋时壁画。

小专题

看话禅与默照禅

看话禅、默照禅是宋代临济宗和曹洞宗两种不同的禅观法门。由于两家的宗风不同，而形成禅学上两大派别：曹洞主知见稳实，临济尚机锋峻烈；曹洞贵婉转，临济尚直截。默照禅是曹洞宗的宏智正觉所倡导的摄心静坐、潜神内观、内息攀缘，以至于悟道的方法。看话禅，又作看话头、看话禅，是临济宗所提倡的宗风，即以参看话头为门径来参禅，由大慧宗杲所倡导，专就一则古人的话头，历久真实参究以至于悟道的方法。

看话禅的禅风先慧后定，与默照禅先定后慧大异其趣，又由于其中设有参禅机关，故又名机关禅。此外，由于看话禅是依次参究其他公案，因此也被称为梯子禅。看话头、参公案，乃是禅宗的利器，在南宋以后的禅宗诸祖，大抵多用此法，所谓“参禅”二字，即从看话头、参公案的方法而来。而后来由道元禅师传去日本的“只管打坐”的方法，即是承袭了默照禅的遗风。

响堂山南窟

河北邯郸北响堂山南窟内景。

释迦塔

山西应县佛宫寺释迦塔，建于辽清宁二年（1056 年），即北宋至和三年。塔高 67.31 米，底层直径 30.27 米，是中国现存最古老、最高大的木结构塔式建筑。

诸宗皆举
——辽之佛教与《契丹藏》

宋朝时期，少数民族政权扩张迅速，文化发展深受汉族影响，因此佛教也传播到了宋朝周边的西夏、金、辽，并且受到其君主的支持。

辽之佛教发展

契丹族原无佛教信仰，契丹建立辽之后，汉文化逐渐成为辽统治层的文化。唐天复二年（902 年），辽太祖就开始创建寺院。由于帝室经常前往佛寺礼拜，并举行祈愿、饭僧等佛事，佛教的信仰逐渐流行于宫廷贵族之间。在辽国取得燕云十六州之后，这一带地方本来佛教就比较盛行，更促进了辽国佛教的发展，而辽国扶持佛教的政策也逐渐显著，辽国的帝王都对佛教特加保护，到圣宗耶律隆绪在位时，辽代佛教逐渐达到极盛。

圣宗除增建佛寺、施给寺院土地和民户以外，还注意加强管理，禁止私度僧尼。辽代佛教由于帝室权贵的支持、施舍，寺院经济特别发达。民间对于寺院佛事，也时常发起团体性的支持，盛行着所谓“千人邑社”的组织。这是地方信徒为协助寺院举办各种佛事而结成的宗教社团，隶属于寺院，由寺内有德望的长老领导。此外，更有永久性的供塔灯邑、弥陀邑、兜率邑以及每年一度纪念佛诞的太子诞邑等组织。

同时，辽国帝室给予僧人优厚待遇，以经律论三门考选僧材，学业优秀的授以“法师”称号，并在各州府遴选有德望的沙门来指导后进。这些培养考选制度，促进了辽国佛教教学研究的发展。辽国佛教诸派中以华严宗和密宗为最发达，五台山是这两个宗派的研习重镇。民间除了与宋一样的净土信仰以外，还流行炽盛光如来和药师如来信仰。传说观音菩萨被尊为契丹族的保护神。民间喜用佛奴为小名，如观音奴、文殊奴等。

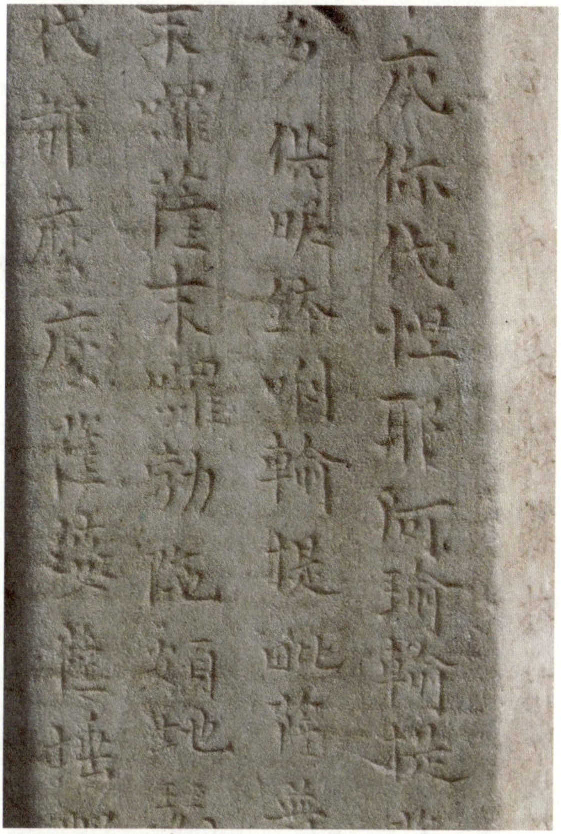

经幢局部经文

辽代古寺阁院寺大殿前右侧经幢局部经文。

小专题

辽之佛学的发展

辽西京大同府所辖的五台山，原为华严教学的中心，对辽境各地佛学有很大的影响。辽道宗对华严学也有理解，撰《华严经随品赞》十卷等。五台山金河寺沙门道㲀是辽代密教学的代表人物，道㲀通内外学，兼究禅、律，后专弘密教，撰《显密圆通成佛心要集》二卷，并根据《华严》的圆教思想来融会密义。辽代弘扬净土的名僧有上京管内都僧录纯慧大师非浊，著有《随愿往生集》，他经历兴宗、道宗两朝，影响极大。辽代治俱舍学的有燕京左街僧录演法大师琼煦，他校定了开元寺僧人常真所撰《俱舍论颂疏钞》八卷。治律学的有守道，他曾被道宗召于内廷建置戒坛。这些名僧及其著作，对于辽地佛教理论与研究的发展起到了巨大的作用。

辽之《契丹藏》

辽国王室贵族对于佛教的发展非常支持，懿德皇后就曾一次施寺 13 万贯钱。圣宗时拨款支持房山云居寺续刻石经的事业，并派僧监督。兴宗耶律宗真更受具足戒，同时大量兴建寺塔，举行佛事供养，给予僧侣极高的社会政治地位，并编刻大藏经。

辽代对于佛教经典的编刻最独到的成就，就是《契丹藏》的雕印和房山石经的续刻。《契丹藏》的倡刻，是由于圣宗太平元年（1021 年）辽国得到宋刻蜀版《大藏经》（即《开元藏》）的印本所引起，隐约含有和宋版竞胜的政治意义。这个版本和宋版不同的特点，是在内容上尽量补充宋版所缺少的写本，特别是《贞元录》入藏诸经，又在形式上行格加密，并改卷子式为折本。

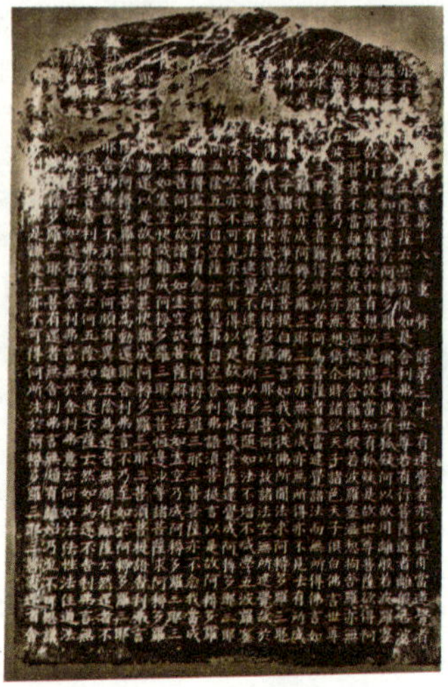

《契丹藏》

北京房山出土的《契丹藏》里还有梵音传本，图为唐代不空和尚译的《梵本般若波罗蜜多心经》，列于“重”字帙。

懿德后萧观音

辽道宗耶律洪基皇后懿德后萧观音的画像。

《契丹藏》全藏在燕京刻印，始于兴宗重熙年间，完成于道宗清宁八年（1062 年）。由于这一时期辽国已恢复了契丹国号，因而通称此藏为《契丹藏》。它的印本未传入南地，但曾送到高丽，给《高丽藏》再雕本的校补订正以很大影响。

涿州房山云居寺附近的石经刻造，始于隋代，以后相继增刻，到了唐末中绝。辽圣宗太平七年（1027 年），州官奏请续刻，圣宗拨款支持，并派沙门可玄主持其事。到兴宗时，给予更多财政支持，进行大规模的续刻。道宗年间在完成《涅槃》、《华严》、《般若》、《宝积》四大部的刻造之后，续刻其他经典 47 帙，其底本都和辽刻本藏经有关。之后大安九、十年间（1093—1094 年），又有沙门通则和他的弟子善定等，在云居寺发起授戒大法会，募集民间资财，续刻石经 44 帙，约 5000 片。《契丹藏》印本现已全部散佚无存，但由于大量续刻石经的遗留，使后代得以考见《契丹藏》编刻的大概，它的工程和价值，同样值得重视。

崇佛风盛
——金之佛教与《赵城藏》

金国佛教是指 1115 年到 1234 年间女真族统治中国北方地区建立完颜王朝时代的佛教。女真族受渤海国和高丽国的影响，在开国之前已有佛教流传，攻占辽、宋领地以后，全面吸收汉文化，佛教得到进一步发展。

墓门
金代石刻墓门。

金之佛教发展

女真建立金国后，以武力灭辽，又继承了辽代社会盛行佛教的风习，占领宋都汴京（今河南开封市），攻略黄河流域以至淮水以北的地区后，更受到了宋地佛教的影响。因此，佛教在金国也有很大发展。

金国帝室的崇拜和支持佛教，开始于金太宗时期。金太宗完颜阿骨打为厚葬开国元勋宗雄，建佛寺一所，并曾迎檀像于燕京，并且每年设法会饭僧，经常在内廷供奉佛像。天会二年（1124 年），太宗命僧人善祥于山西应州（今山西应县）建净土寺。同在天会

金中都
金中都北京城垣景象画（局部）。

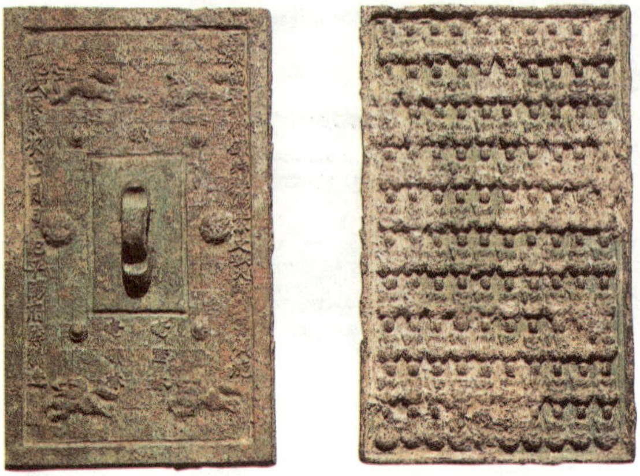

铜佛印

金皇统八年（1148 年）铜佛印。

年间，太宗还为佛觉大师海慧在燕京建寺，至熙宗时，命名为大延圣寺，到金世宗时改名为大圣安寺，成为金国燕京的名刹。

世宗继位后，金国国力达到全盛，一开始曾对佛教采取有节制的保护政策，积极整顿教团，防止僧侣逃避课役，并严禁民间建寺。之后由于财政困难，开始仿照北宋利用佛教教团对于社会的影响而公卖度牒，以助军费。世宗的生母贞懿太后出家为尼，又特别在清安禅寺别建尼院，增大寺塔，同时对各大寺都赐田、施金、特许度僧，表示对佛教的支持。

章宗时期继承世宗的统制方针，严禁私度僧尼，规定由国家定期定额试经度僧，并限制各级僧人蓄徒的名额。僧侣的考选三年一次，就经律论三部进行课试，中选的授为三宗法师，法师中学行优异的，更由朝廷敕加种种名德称号，如佛觉大师、宣秘大师等。章宗曾召万松行秀禅师于内廷说法，奉锦绮大僧伽衣，并为建普度法会，以表示对佛教的尊崇。

金国大部分寺院都继承辽之旧习，由于帝室的布施，金国大部分寺院拥有广大的土

金代壁画宫殿

山西繁峙县岩山寺南殿西壁金代壁画宫殿图。

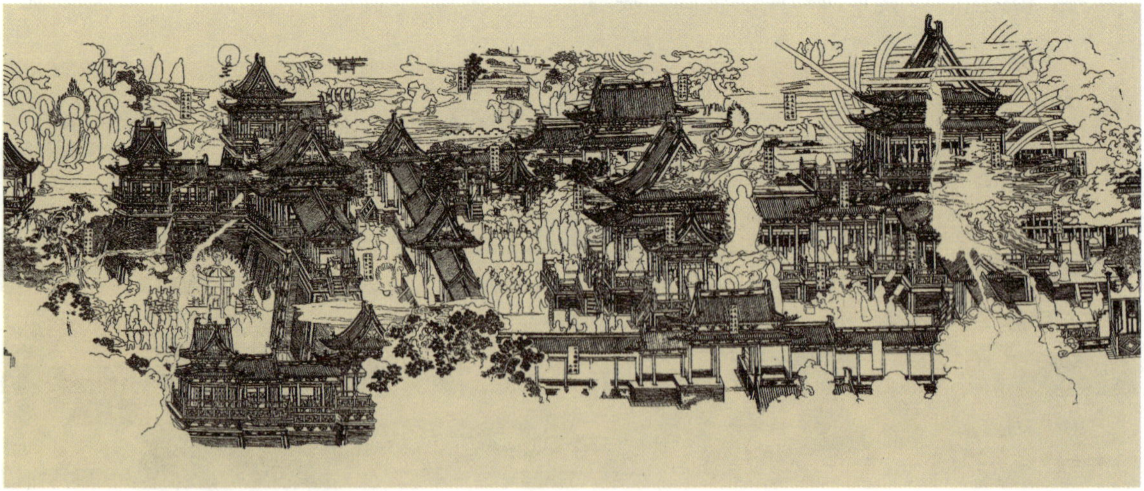

地和殷富的资财。一般社会对于寺院佛事的支持，也仍旧沿袭辽之遗风，以邑社的组织形式，集资为寺院补充道粮或建置藏经，以及举行种种法会。由于寺院的经济充裕，常以余力来举办各项社会事业，其中最普遍的形式是施药和赈饥。

金国国祚虽短，但在佛教教学方面，如华严、禅、净、密教、戒律各宗都有相当的发展。其中禅宗尤为盛行，可以说完全受到北宋佛教的影响。黄河流域的中原一带，在金人未占领以前，禅宗的杨岐、黄龙二派已很兴盛。末期的万松行秀，尤为金国著名禅师。

金国居士中最著名的有李屏山，他是章宗朝的进士，初宗儒学，反对佛教，后读佛典有得，喜和禅僧交游，曾师事万松行秀，撰《鸣道集说》，批判宋儒的排佛论，主张三教调和之说，对于当时人士影响极大。

与辽相比，金的佛教政策受宋王朝影响更深，思想上也更多地与宋地佛教接近。

金之《赵城藏》

金统治时期，又有一部重要刻本《大藏经》问世，这就是1933年在山西赵城县广胜寺发现的《赵城藏》。据今人考订，全藏共682帙，约7000卷，现存的仅4957卷。发起刻藏的是比丘尼崔法珍，她在山西省南部断臂发愿，募资翻刻北宋官版《大藏经》，并加以补充。从熙宗皇统九年（1149年）开始，中间历时二十多年，到世宗大定十三年（1173年），这部藏经才告完成，标志着民间刻藏的巨大成就。金藏既保存了宋刻官版藏经的面目，又补充了许多重要的著述，对于藏经版本、校刊乃至义学诸方面的研究都起了极重大的作用。

此外，金国对于房山云居寺的石经，也曾进行续刻，现在陆续被发现。至于零本木刻经典可考的，则仅有《华严经》、《大般若经》及《无量寿经》等。

金代石经

北京房山，镌刻于1126年的金代石经。

"嚓嚓"

西夏时期名为"嚓嚓"的小佛塔。

云锁空山夏寺多
——西夏佛教与西夏文佛经

西夏佛教主要是指党项族建立的西夏国的佛教，佛教对西夏的影响非常大，佛教传入中原后形成的宗派同样影响到西夏佛教。

西夏佛教的传播

在文献资料中，党项人有确切记载的佛教活动始于西夏建国前的元昊之父李德明时代。宋景德四年（1007 年），李德明因母亲去世，向宋朝要求到宋朝北部的佛教圣地五台山修供十寺，得到允许后，派遣致祭使，护送祭品到五台山朝圣。可见佛教当时已成为党项贵族的一种重要信仰。宋仁宗天圣八年（1030 年），李德明向宋朝提出求赐佛经的要求，宋仁宗赐予《大藏经》，推动了党项佛教向更高水平发展。

西夏王陵

宁夏银川西夏王陵。

景宗元昊是西夏的开国之君，他不仅创造了西夏文字，而且精通汉文，对佛教和汉文化都深有研究，并信仰佛教。西夏文字的创造为佛经扩大传播提供了条件，在西夏立国的当年（1038 年），元昊组织大批僧俗信众开始用西夏文翻译佛经。为了安置宋朝所赐《大藏经》，元昊开办译场，于天祚十年（1047年）下令修建规模宏大的高台寺。他还在全国广建佛塔，吸引各方前来进奉佛舍利。由于帝王的支持，佛教社会地位急骤提高，寺院、僧尼之数大增。

元昊死后，毅宗幼年登基，母亲没藏氏代为执政。没藏氏入宫前曾于戒台寺出家为尼，号称“没藏大师”，当了太后之后仍然尊崇佛教。她继续推进译经事业，并且在垂帘听政的第三年，即天祐垂圣元年（1050 年），开始大兴土木，修建承天寺。承天寺建成之后，太后没藏氏携幼帝时常临寺听讲，这无疑是对社会的一种号召与示范，使得西夏的佛教信仰开始成为一种风气。毅宗正式执政后，又向宋朝求赐《大藏经》，加强了与中原王朝的宗教交往。

惠宗时期，太后梁氏执政，仍推行扶助佛教的政策，在天赐礼盛国庆四年（1072 年）再一次向宋朝求赐《大藏经》，促进了西夏文佛经的翻译事业发展。

华严宗、净土宗、天台宗、禅宗、密宗对西夏的佛教都有深刻的影响，此外，西夏国佛教艺术、雕刻等也比较发达，现存莫高窟有塑像与壁画的 480 座洞窟中，西夏所开者有 3 窟。

普贤菩萨铜造像

西夏鎏金普贤菩萨铜造像。

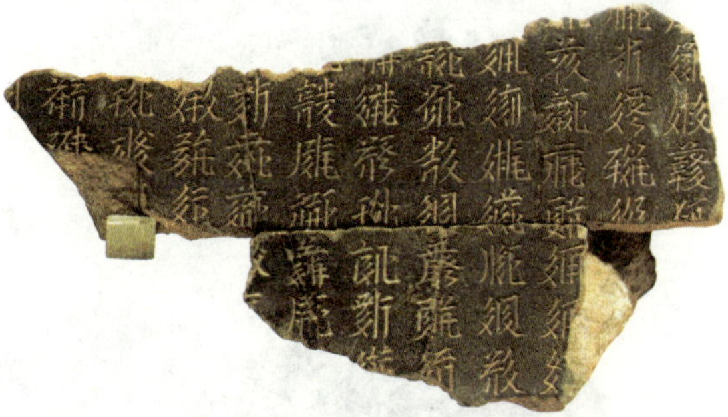

西夏文碑刻

西夏文碑刻残片。

西夏的佛经翻译与刻印

西夏文佛经译自汉文佛经和藏文佛经，西夏建国之初的天授礼法延祚元年（1038年），由国师白法信主持佛经翻译，之后由惠宗时期的国师白智光主持译经，至天祐民安元年（1090年），前后持续53年，共译出362卷帙、820部、3579卷。

西夏译经的方法仿照宋朝，设立规模宏大的译场，有严谨细密的分工。西夏惠宗皇帝、梁太后还曾亲临译场，可见西夏对佛教的重视。西夏时期境内流传的佛经，主要有西夏文、藏文和汉文三种文字版本。西夏文佛经包含了经、律、论三藏，经藏是佛经中最重要的组成部分，经藏分宝积部、般若部、华严部、涅槃部、阿含部等，这几大部类佛经在现存的西夏文佛经中都能找到。

西夏同时也刻印汉文佛经，现在发现的西夏最早刻印的汉文佛经是西夏天赐礼盛国庆五年（1073年）信徒陆文政私人发愿刻印的《大般若波罗蜜多经》。官刻中以西夏人

宁夏贺兰山

宁夏贺兰山地处贺兰山的中段东侧，位于宁夏回族自治区银川平原西北部，国家级自然保护区，自然环境复杂多样，生物比较丰富，植被垂直分带明显，主要保护对象为干旱风沙区森林生态系及珍稀动植物。

庆三年（1146 年）雕印的《妙法莲华经》为最早。

西夏也盛行写经，因为简便易行，所以流传数量很多，因而西夏文写经传世也很多，其中光定四年（1214 年）以神宗皇帝名义写的西夏文《金光明最胜王经》，在优质的绀色纸上用泥金书写，色泽鲜明，富丽庄严，为西夏写本佛经中的精品。

西夏到崇宗时期基本上中止了汉文佛经的翻译，转为大规模地校勘佛经。传世的西夏文经书多为仁宗时期所校。校经是利用不同版本的大藏经进行对勘，西夏校经有“与南北经重校”之句，南经当指宋朝官刻本《开宝藏》，北经指辽朝《契丹藏》或金朝《赵城藏》。

西夏境内还流传藏文佛经，黑水城等西夏遗址都发现藏文佛经残页。

小专题

三藏

又作三法藏。藏，梵语意谓容器、谷仓、笼等，三藏指经藏、律藏、论藏，系印度佛教圣典之三种分类。经藏是佛所说之经典，律藏是佛所制定之律仪，论藏是解释经义、论辩法相的著作。

有关三藏的顺序，现在还没有定论，如果就三藏结集之先后而言，那么顺序是经、律、论；如果就行修的顺序来说，则为律、经、论。如果把这三藏配于三学，那么经相当于定学，律相当于戒学，论相当于慧学。同时，经亦包含戒、定、慧三学，律包含戒、定二学，论唯包含慧学。西藏喇嘛教以三藏配于三毒，而谓律藏可断除贪欲，经藏可断除嗔恚，论藏可断除愚痴。

凡是以经立宗者，如华严宗、净土宗、密宗、日本日莲宗等，皆称为经宗；以律立宗者为律宗，如我国南山律宗；以论立宗者为论宗，如俱舍宗、成实宗、三论宗等。因而精通三藏之各藏者，分别称为经师、律师或论师。造论弘扬佛教者，称为论主或论师。精通三藏之法师称为三藏法师、三藏比丘、三藏圣师，或单称三藏。在我国，三藏之翻译家亦称三藏，例如称玄奘三藏、真谛三藏等。

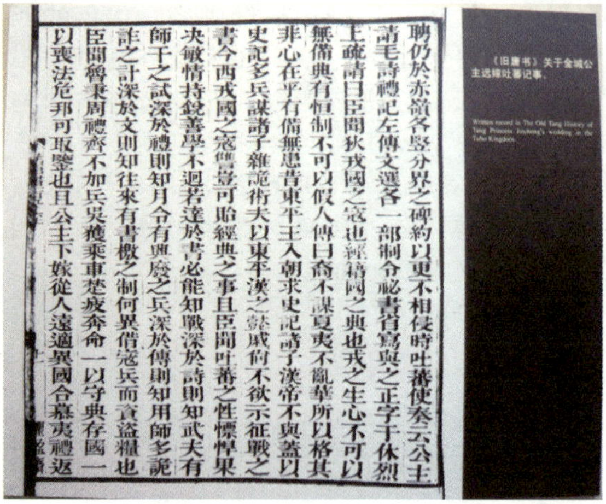
聘仍於赤嶺各豎分界之碑約以更不相侵時吐蕃使奏云公主
請毛詩禮記左傳文選各一部制令祕書省寫與之正字于休烈
上疏請曰臣聞狄戎國之寇也經籍國之典也戎之生心不可以
無備典有恒制不可以假人傳曰裔不謀夏夷不亂華所以格其
非心在乎有備無患昔東平王入朝求史記諸子漢帝不與蓋以
史記多兵謀諸子雜詭術夫以東平漢之懿戚尚不欲示征戰之
書今西戎國之寇讎豈可貽經典之事且臣聞吐蕃之性慓悍果
決敏情持銳善學不迴若達於書必能知戰深於詩則知武夫有
師干之試深於禮則知月令有興廢之兵深於傳則知用師多詭
詐之計深於文則知往來有書檄之制何異借寇兵而資盜糧也
臣聞魯秉周禮齊不加兵吳獲乘車楚疲奔命一以守典存國一
以喪法危邦可取鑒也且公主下嫁從人遠適異國合慕夷禮返

《旧唐书》

《旧唐书》关于金城公主远嫁吐蕃的记事。

师出藏地，尊教抑禅

——元代佛教帝师制度的建立

在宋辽金的佛教获得大发展的同时，西藏地区的佛教也进入了后弘期，这是我国藏传佛教真正的发展时期，藏传佛教的发展也影响到了蒙古族，蒙古族建立元朝之后，确立了帝师制度，这其中走过一个较漫长和复杂的历史过程。

藏传佛教从“前弘期”到“后弘期”

在佛教传入西藏以前，当地有固有的宗教名为“苯教”。从7世纪吐蕃赞普松赞干布与尼泊尔墀尊公主和唐朝文成公主联姻开始，佛教正式从尼泊尔和汉地传入西藏，这也就是西藏佛教“前弘期”的开始。松赞干布去世后，西藏历经半个多世纪的权力之争，到松赞干布的曾孙墀德祖赞710年与金城公

经幡

西藏经幡。

小专题

莲华生大师与桑耶寺

莲华生大师是西藏密宗“宁玛派”(即俗称“红教”)的开山祖师。他的本名叫“白马穹乃”，又称“乌金大师”，是8世纪时的印度乌仗那（今巴基斯坦境内）地方的人，是当时佛教有名的密宗大师和降魔能手，以“神通”、“咒术”名闻一时。

桑耶寺位于西藏山南扎囊县境内，始建于762年，建成于779年，是藏传佛教史上第一座佛法僧俱全的寺庙。寺院选址于藏王墀松德赞的出生地，藏王墀德祖赞的冬宫附近。莲华生大师主持桑耶寺的建设，建筑仍保持寂护大师的原设计，墀松德赞亲自主持了奠基。桑耶寺是以古代印度婆罗王朝在摩揭陀所建的乌达波寺为蓝本而建造的。主殿建成以后，历代增修扩建，规模宏伟。

桑耶寺大门

西藏桑耶寺大门。

宗教仪式场景

西藏宗教仪式场景。

琼结藏王墓地

埋葬金城公主和她的丈夫的琼结藏王墓地。

主联姻时，又大力发展佛教。然而此举受到苯教势力的压制，直到墀德祖赞的儿子墀松德赞掌权后，佛教发展才得到改善。

为巩固王权，墀松德赞以佛教为号召，打击借苯教发展异己势力的大臣。他请来印度著名僧人寂护和莲华生，于公元 799 年修建起西藏第一座剃度僧人出家的寺院——桑耶寺，并剃度 7 名贵族子弟出家，开创了西藏佛教史上剃度僧人的先河。

桑耶寺建成后，墀松德赞从内地、印度、于阗等地邀请高僧住寺传经、译经，鼓励贵族子弟出家到桑耶寺修行，并宣布吐蕃全民一律尊信佛教。这时期佛教在藏区全面传播，达到前所未有的高潮。

842 年，墀足德赞被害，其兄朗达玛为赞普。朗达玛大力压制佛教，掀起一场大规模的灭佛运动。不久，朗达玛遭佛教徒暗杀。随后一场平民大起义席卷吐蕃，吐蕃陷入各个势力割据一方的分裂状态，藏传佛教“前弘期”至此结束。

朗达玛灭佛后，西藏长期处于内乱分裂状态。10 世纪后，原割据一方的吐蕃权臣积极开展兴佛活动，佛教得以在西藏复兴。不过重新弘扬起来的佛教无论在形式或内容上与“前弘期”流传的佛教有着明显的不同。通过发源于西藏阿里地区的“上路弘传”，和发源于青海安多地区的“下路弘传”佛教在西藏复兴的火苗被迅速点燃。授予比丘戒僧侣的大量出现，以及大兴土木重建佛教寺院，可作为“后弘期”开始的重要标志。

“后弘期”的藏传佛教，在兴佛规模上是空前的，并经历了一段比较漫长的时期，如从 10 世纪算起，至 15 世纪初格鲁派创立为止，将近 500 年之久。在“后弘期”，藏传佛教无论在传教的范围上，还是在信教群众对佛教的信仰程度上，皆远远超过“前弘期”。不仅产生了许多互不隶属的宗派，而且形成了自己的宗教文化特色。

扎什伦布寺

西藏日喀则扎什伦布寺。

藏传佛教对蒙古族的影响

萨迦派由贡却杰布创始于 11 世纪 70 年代。贡却杰布和他的家族原来都是宁玛派信徒，后从卓弥改学“道果”。1073 年，贡却杰布在后藏萨迦建造萨迦寺，这成为萨迦派创建的标志。贡却杰布在西藏佛教诸派中是第一个直接以世俗贵族身份成为教主的人，他还决定法位的传承只能限于本家族内部，从而使政教二权都集中在一个家族之中。

传到萨迦四祖之时，因为他很有学识，被尊为“班智达”，在他名字前常冠以“萨班”，称为萨班班智达。萨班时期的萨迦派，以“教政合一”的形式，直接控制着当地政治、经济和宗教、文化，成为卫藏地区最强大的实力集团。正值此时，蒙古族军事力量开始西征。

蒙古族与藏传佛教的接触最早是在成吉思汗时期，而最早皈依西藏佛教的蒙古族王

贵族献礼

成吉思汗接受贵族献礼。

萨迦寺

西藏萨迦寺大经堂。

窝阔台汗宣布《札撒》

《札撒》是成吉思汗建立蒙古国后制定的法令，“札撒”的意思是部落首领的号令。

室成员是阔端王子。窝阔台继位执政后，曾派阔端领兵驻扎凉州。阔端在1244年写信给萨班，请他赴凉州晤面。

1245年，萨班派他的两个侄子——10岁的八思巴和6岁的恰那多吉先赴凉州，他和卫藏地区各种势力交换意见后，于次年与阔端晤面，并为阔端治好了病，深得阔端信服。经双方磋商，议定了西藏归顺蒙古的条件，由萨班给卫藏各僧俗地方势力写信，劝说他们一起归顺，信中详述了归顺与否对于佛法和世俗权力的利害关系，以及西藏地方行政制度、派官设治、缴纳贡赋、萨迦与其他官员僧俗共管西藏事务等意见，奠定了1279年以后元朝中央对西藏地方行使行政管理的基础。萨迦派由此也取得了卫藏地区在政治和宗教上的领袖地位。

据传，萨班在凉州也曾讲经说法，被分别译成蒙古语、畏兀儿语、汉语和当地藏语。他还用古畏兀儿文的字母字形，创制了蒙文字母。佛教和以佛教为载体的文化，由萨班开始向蒙古流传，之后，八思巴继承并大大开拓了这一事业。

五塔寺

内蒙古呼和浩特五塔寺。

八思巴被元朝尊为国师

八思巴（1235—1280年）是“萨迦五祖”，意谓圣者、神童，这是人们对他的尊称。史书中说他“幼而颖悟，长博闻思，学富五明，淹贯三藏”。1252年，忽必烈南征大理，招降吐蕃，第二年，召见八思巴，并受密教灌顶。

1255年，八思巴奉命回藏受比丘戒，尔后回到忽必烈驻地。1260年，忽必烈称汗于开平，封八思巴为国师，并“授以玉印，任中原法主，统天下教门”，由此开创了元朝历代帝王任命帝师的做法。忽必烈接受八思巴为之举行的灌顶仪式，并领受三次金刚乘密法甘露。

至元六年（1269年），八思巴奉忽必烈之命创制“蒙古新字”成功。新字仿照藏文字母，共41个，可拼成千余音节，诏令颁行，规定凡诏书及官方公文，一律改用新字，兼以各族通用文字。同年，升八思巴为“大宝

忽必烈灌顶受戒图

忽必烈灌顶受戒图，内蒙古阿尔塞石窟壁画。

鸣沙山月牙泉

月牙泉，古称沙井，俗名药泉，自汉朝起即为“敦煌八景”之一，得名“月泉晓澈”。它被鸣沙山环抱，长约150米，宽约50米，因水面酷似一弯新月而得名，有“沙漠第一泉”之称。泉水清澈明丽，且千年不涸，令人称奇。

甘肃文殊山

据传，文殊山是因文殊菩萨显圣于此而得名。文殊山石窟壁画内容之丰富、画面之精美，令人惊叹，可与莫高窟壁画媲美。其中万佛洞壁画气势宏大，画风严谨潇洒，是西夏壁画的珍品。

法王”，并在中央设置总制院，掌管全国佛教事务和西藏地方行政事务，命八思巴国师兼领总制院事，协助中央对西藏的管理。

1276年，八思巴回到萨迦，请求朝廷免除西藏寺院一切捐税负担，驿使和官兵不得沿途住宿寺院。这些请求由朝廷批准，作为规定一直延续下来。1280年，八思巴去世，忽必烈赐号“皇天之下一人之上开教宣文辅治大圣至德普觉真智佑国如意大宝法王西天佛子大元帝师”。

据记载，自阔端至元亡的百余年中，“累朝皇帝,先受佛戒九次,方正大宝”。上自皇帝、宗室、后妃，下至王公、大臣、显宦、庶士，无不归敬喇嘛教。有元一代，京城广建寺庙，香火缭绕，而每一帝师圆寂后，必从西藏再确定一名国师，这对于当时和以后的蒙古族社会，影响至深。

在元朝中央政权的大力支持下，萨迦派

甘肃敦煌鸣沙山

鸣沙山位于甘肃敦煌南郊，整个山体由细米粒状黄沙积聚而成，狂风起时，沙山会发出巨大的响声，轻风吹拂时，又似管弦丝竹，因而得名。鸣沙山沙峰起伏，山体蜿蜒，金光灿灿，宛如一座金山。

的政治、经济力量和社会影响空前加强，成为西藏居领导地位的教派。八思巴的家族和萨迦派教徒佛备受朝廷重用，受封为帝师的有十余人，被封为王、司空、国公和各级官吏的更多。

以八思巴叔侄为代表的萨迦派上层同元朝的关系，密切了汉藏蒙和新疆、青海诸民族间的联系，推动了经济、文化交流，具有重大的历史意义。内地的印刷、造船、建筑等技术先后传入西藏，西藏的佛像雕塑、造塔工艺等技术也传入内地。民间的往来日益频繁起来。

蒙古统治者扶植的喇嘛教不限于萨迦派，对于噶玛噶举也关系密切，从忽必烈和蒙哥直至元顺帝父子，这一系统也一直在皇室中传授密法。

在入主中原的蒙古贵族普遍皈依喇嘛教的时候，蒙古族民间依然信奉传统的萨满教。萨满教是一种原始信仰，与西藏的苯教在形式上没有大的差别。民间虽有少数喇嘛活动，但影响不大。喇嘛教广传于蒙古族民间，则是元亡以后的事。

八思巴像

内蒙古呼和浩特五塔寺内。

小专题

宋恭帝出家之谜

关于南宋宋恭帝与佛家渊源的记载多见于非正史之中，而其中的不同记载出入还很大。

1276年，元军兵临城下，南宋投降，年仅6岁的宋恭帝赵㬎沦为元朝的阶下囚，随着母亲、祖母及其他朝官、宫廷人员被一同送到了北京。南宋朝廷灭亡。

忽必烈封赵㬎为瀛国公，1288年，忽必烈降旨命“瀛国公赵㬎学佛法于吐蕃”，赵㬎出家学佛的地方是吐蕃，即西藏。其东汉文史籍再也没有了明确记录，但在藏文材料中偶有踪迹。直到元英宗至治三年，即1323年，宋恭帝54岁的时候，已经出家35年，据传，他被英宗召至都城囚禁，直到死亡。

作为一个出家人的35年里，赵㬎19岁到西藏喇嘛庙里出家，得法号“合尊”，潜心学习藏文，不数年，赵㬎已经在藏佛界崭露头角，成为把汉文佛典译成藏文的翻译家，并且还担任过萨迦大寺的总持，成为当时西藏的佛学大师，四处讲经、潜心研究佛学。后来翻译了《百法明门论》，还有深奥的《因明入正理论》，在扉页留下了题字，自称“大汉王出家僧人合尊法宝”，被藏族史学家列入翻译大师的名单，成为一段历史奇事。

佛教石雕

内蒙古佛教石雕。

元之尊教抑禅政策

元王朝建立的帝国，大大开拓了中华民族生息繁衍的疆域，它为各民族政治、经济的平衡发展和多民族文化的融合，提供了必要的社会条件。同时，蒙古少数民族采取了许多不同于唐、宋旧制的政策和措施，对于宗教的发展特别是对于当时作为中国佛教主体的禅宗的演变，产生了重要影响。

对禅宗产生直接影响的因素，首先来自不平等的民族政策。元王朝按照族别的不同和地区被征服的先后，把全国人民划分为蒙古、色目、汉人和南人 4 个等级，在任用官吏、法律地位以及其他权利和义务等方面，作出种种不平等的规定。民族因素空前突出地成为制约佛教发展的一个重要原因。由于信奉佛教的汉族等级低下，汉地佛教在元代整个佛教体系中的地位受到前所未有的冲击。特别是由于南人处于最低等级，主要在南方流传的禅宗则更是受到了不小的影响。

宋蒙战争遗迹

重庆天生城城墙宋蒙战争遗迹。

其次，来自倾斜的宗教政策。从元太祖成吉思汗开始，蒙古统治者允许各民族的不同宗教并存。到宪宗蒙哥时期，在保护各种宗教的基础上，开始侧重扶植佛教。原则上确定佛教的地位高于道教和其他宗教。

蒙元王朝初期，统治者出于入主汉地的政治需要，重视利用禅宗僧人。临济宗的海云印简，曹洞宗的万松行秀、林泉从伦和华严至温等，在管理佛教事务、沟通蒙汉民族关系、把禅宗纳入为元王朝服务的轨道方面用力甚多，而且颇具影响。到忽必烈时，元王朝扶植的重点从禅宗转向教门，在佛教内部逐步推出了不平等的政策，确立了藏传佛教的独尊地位。至元二十五年(1288 年)召开教禅廷辩，其结果使“教冠于禅之上”。尊教抑禅也可以反映出蒙古统治者对南人的歧视。

来自西藏的僧官制约着汉地佛教的演化，

宋代城池

宋代洛阳城池示意图。

大昭寺

内蒙古呼和浩特大昭寺，内蒙古佛教协会所在地。

影响着各宗派的消长，其作用不可忽视。一些上层藏僧，在内地占据不少规模较大的寺院，作为其传法的基地，赢得很多信奉者。藏传佛教既成为皇室信仰，也得到社会各阶层的尊崇，成了占统治地位的宗教。其修行方式盛行于宫廷，信仰流传于中原和江南。藏传佛教正是在这个时期经过与汉族文化的冲突和融合，才真正成为中国文化的有机组成部分。而同时，它也给禅宗带来了不小的负面影响。

尊教抑禅与崇奉藏传佛教是相互联系的，这与蒙元贵族所要利用佛教的具体内容有关。凭借武力征服汉地的蒙古贵族虽然“崇尚释氏”，但关注的重点是布钱施物、建寺造塔、写经斋僧、礼佛拜忏之类的功德善事，对于义理研究之类兴趣并不高。禅宗不重经典、不拜偶像，倡导自主独立、自我解脱的修行理论和实践，自然与蒙元贵族可接受的佛教信仰格格不入。特别是从宋代兴起和发展的禅宗“公案”之学，像作为文字禅主体的颂古、评唱，与参究公案相联系的看话禅等等，都是蒙元贵族所不能理解和接受的。

同时，蒙元统治者对禅学也存在着许多误解，对禅宗不重视神通，甚至否定神通在明心见性的解脱过程中的作用难以理解。在他们看来，既然是“上乘法”，自然意味着修行者神通更大，特异功能更强。相对说来，汉地教门诸派所重经典和所倡教义与藏传佛教有更多相通处，更容易为蒙元贵族接受。

在元王朝崇奉藏传佛教和尊教抑禅的历

佛道合一图

内蒙古赤峰庆宁寺内宗教壁画，佛道合一图。

史背景下，北方禅宗中，无论是临济宗的印简系还是曹洞宗的行秀系，都没有保持长时间的兴盛，而是逐渐衰落下去。而最受压抑的南方禅宗则恢复了它的活力，南方禅宗均属临济宗，分别出自宗杲和绍隆两系。元代的主要禅师几乎都出自这两系。

元代对佛教发展的政策对于佛教发展的影响更加表明了政治对宗教的巨大影响，在佛教内部造成了许多消长，但是总体来说，元朝的佛教还是得到了较大发展。

甘肃仙人崖

仙人崖，位于甘肃天水北道镇，相传过去常有高人隐居于此修行，故名仙人崖。仙人崖景区翠峰林立、岩石万仞、松桧成林、鸟语花香。长期以来，这里是释、道、儒三家共存的风景胜地。自南北朝以来，历代在这里均有建筑和雕塑造像。现存的庙宇是经唐、宋、明、清等朝代建筑和重新修缮的。

海外传法音
——宋元时期佛教的对外交流

宋元之际，佛教的发展也影响到国外的佛教界，既有学僧来到中国学习佛法，也有从国外传回国内的典籍。

宋时期中外佛教的交流

高丽从五代以来，常有禅师来中国受学各宗禅法，宋元丰末年（1085 年）更有教家义天入宋，从汴京觉严寺有严、杭州大中祥符寺净源等学贤首宗、天台宗，携归章疏 3000 余卷，后编录刻入《续藏经》。他回到高丽之后，除了弘传贤首宗之外，还一并弘传天台宗的教法。

浙江天台山

浙江天台山隶属于浙江台州市天台县，佛教天台宗的发祥地。天台山最著名的寺庙是建于隋代、重修于清雍正年间的国清寺。天台山自古闻名，王羲之、顾恺之、李白、苏东坡、陆游、徐霞客等人都在此留下足迹。

日本在北宋时入宋僧人不多，知名的有奝然、寂昭、成寻等人。他们来到中国多为巡礼祖庭，曾到过天台山、五台山等地。奝然还接受了宋帝赠送的新刻《大藏经》印本，成寻也带回宋代新译和著述的印本。

到了南宋，中日交通频繁起来，日僧入宋者很多，现在可以数出来的也达到百人，宋代禅宗和律宗都因此弘传于日本。如在南宋孝宗乾道七年（1171 年）中，日僧觉阿、金庆入宋参学于灵隐慧远禅师，归国谈禅，引起日本佛教界极大注意。之后荣西于淳熙十四年（1187 年）末再度入宋，在天台万年寺怀敞禅师处学禅，回国广为提倡，因而成立日本临济宗。

荣西的再传弟子道元，随其师明全于宁宗嘉定十六年（1223 年）入宋，历游天台、径山等处，从天童如净处得法之后回到日本，创立曹洞宗。此后，日僧来宋问禅者还有很多，宋僧兰溪道隆也到过日本传授禅法。

日本律宗原来由唐代鉴真律师传入，后来逐渐衰微，南宋宁宗庆元五年（1199 年），日僧俊芿入宋，从明州景福寺如庵了宏处学律 3 年，又学习禅法与天台的教理，一共在宋参学 10 年，回到日本之后创立泉涌寺，大

传律学。还有日僧净业，在嘉定七年（1214 年）入宋，在中峰铁翁处学律，在宋 14 年，回去后建立戒光寺弘传律学，与泉涌寺并立。

元代与日本的往来

元初，世祖忽必烈曾先后 7 次派使者，持国书出使日本，“通问结好，以相亲睦”。而日本方面，只是在至元八年（1271 年）底遣使到大都，此外，对于元朝的表示均未予理睬或“拒而不纳”。

蒙元朝廷忍无可忍，在至元十一年（1274 年）发兵征日。次年二月，忽必烈第八次派遣礼部侍郎杜世忠等 3 人去日本示好，日本方面又不予理睬并扣留国使不还。至元十七年（1280 年）二月，日本还把国使杜世忠等人一并斩杀。蒙元朝廷震怒之余，在次年二月发兵 10 万进攻日本。

后来，元世祖得知日本武士均服膺东渡宋僧之法训、深信禅宗，因此改变策略，派王积翁及普陀山沙门思溪、如智等人出使日本，以图修复两国关系。中途，同行中有不愿赴日者共谋杀害王积翁，此行因此无功而返。大德三年（1299 年）三月，成宗铁穆耳继承世祖忽必烈遗愿，派遣江浙释教总统、普陀山高僧一山一宁禅师赴日通好。

元代初年日元战争的“弘安之役”，数十万元军丧生日本海，但在十余年之后，日元之间的海上往来开始活跃。自 1295 年至 1368 年，据《日中文化交流史》记载，入元的日本求法僧，知名的有 220 人。入元僧都是由精通汉文的学问僧在幕府允准下乘民间船舶往返的，巡历地域已超出南宋册定的“五山十刹”。

元军的兵马所不能解决的通好问题，却通过佛教等文化交流而得以解决，这更加说明了文化交流与思想传播的无国界性。

《清凉寺起源画卷》第三卷

《清凉寺起源画卷》第三卷，1515 年，纸本设色，高 34.9 厘米，日本重要文物，日本新兴狩野派画师绘，《清凉寺起源画卷》描绘日本永延元年（987 年）奝然把清凉寺释迦佛像从中国宋朝带回日本的全过程。

壁画

桑耶寺内的壁画。

宝智透心光
——千古人物

无德禅师——汾阳善昭

三教合一的倡导者——孤山智圆

慈明禅师——石霜楚圆

杨岐派创立者——杨岐方会

黄龙派初祖——黄龙慧南

明教大师——契嵩

禅门第一书的作者——圆悟克勤

晋唐以来诗僧之冠——惠洪

看话禅的开创者——大慧宗杲

禅门奇僧——道济

日本临济初祖——荣西

禅中话“从容”——万松行秀

以儒治国，以佛治心——耶律楚材

万法归一——高峰原妙

江南古佛——中峰明本

佛教造像大师——阿尼哥

元代高僧，日本国师——一山一宁

善昭禅师像

清代线刻图，汾阳善昭禅师。

山西五老峰

五老峰位于山西永济县城东 20 公里处，景区内层峦叠嶂、悬崖峭壁、怪石险洞，有奇花异木、珍禽异兽和清幽泽润的山泉流水，是著名的旅游胜地。

宋辽金元时期，佛教更加深入地融入中国社会，与佛教有关的人物，不仅有以禅宗为主开一代宗风的著名僧人，也有夙信深厚的在家居士，以及佛教文化与艺术的传播使者，这些千古人物的生平事迹、言谈著作、悟道因缘，无不在中国佛教的发展史上书写下重要的篇章。

无德禅师
——汾阳善昭

善昭（947—1024 年），宋代临济宗著名僧人，山西太原人，又称“无德禅师”。

传法汾州

据记载，善昭自幼聪敏，喜欢自学。14 岁的时候，父母相继去世，善昭剃发出家，受具足戒后，开始四处游方参禅，先后共参

礼了71位善知识，虚心学习他们各自传授的不同流派的禅法。

在当时流传的禅门诸宗中，善昭曾特别喜爱曹洞宗，对从理与事的圆融关系上论证禅宗的心性理论的形式十分赞赏。善昭在游方过程中曾到襄州石门寺参谒曹洞宗的慧彻禅师，并做偈子，慧彻看了此偈，拍手称善。但是，善昭最后并没有嗣曹洞宗的法脉，而是辗转到汝州首山参谒临济宗省念禅师并成为他的弟子，继承临济宗的禅法。

在首山省念禅师处悟道后，善昭离开了首山，前往南方游历于湘江衡山之间。潭州知州张茂宗听闻善昭之名，对善昭发出邀请，并请善昭从州内4所大寺中自由选择一寺担任住持。然而，善昭笑而谢绝，趁夜间离开，北上渡江到达襄州，住在白马山。当时襄州的洞山、谷隐两处山寺皆缺方丈，知州刘昌言在任期间听说善昭有名望，亲自到白马山拜谒，请他从两寺中任选一寺担任方丈。善昭表示难以应请，知州前后8次派人相请，他都没有答应。

首山省念禅师圆寂后不久，汾州僧俗千余人联名写信，并特请善昭的同学契聪禅师携信到襄州白马山，迎请善昭到汾州大中寺太子禅院担任住持。契聪禅师到了善昭处，提醒善昭要在省念禅师圆寂后，担任起传承临济法脉的责任，善昭禅师终于决定担任住持，不久他便前往汾州太子禅院开法。善昭禅师来到汾州后，励精图治，殷勤接众。善昭在太子禅院居住传法达30年，名扬远近，丛林间常尊称他为“汾州”、“汾阳”，因寺院门口置有石刻狮子，而他禅风峻烈，他甚至也被人喻为“西河狮子”。

大禹渡

大禹渡位于山西芮城县东南神柏峪内、黄河北岸，相传大禹治水时，曾在此歇息，故名。它依山傍水，环境优美，集灌溉、旅游于一体。

漓江风景区

漓江风景区位于广西壮族自治区东部，林丰木秀，空气清新，生态环境极佳，是世界上规模最大、风景最美的岩溶山水游览区，千百年来不知陶醉了多少文人墨客。

汾阳禅风

在宋真宗景德年间，法眼宗禅僧道原编撰禅宗灯史《景德传灯录》，进献朝廷。宋真宗诏大臣刊定，统编为30卷，大中祥符四年（1011年）下诏将此书编入《大藏经》刻印流传。《景德传灯录》卷十三在“前汝州首山省念禅师法嗣”下就记载有善昭上堂说法的语录。

善昭生前已经有语录集传世，这一语录集在他死后由弟子楚圆增补修订，题为《汾阳无德禅师语录》，从语录中可以看出善昭的禅学教育较有特色。由于临济禅的当头棒喝是一种“直指人心”的方法，较其他宗系简捷，因而更需要“前行引导”，善昭对这一点非常注重。在推动僧人精进方面，善昭

山西绵山

绵山，也称介山（春秋时期，晋国介之推携母隐居于此被焚），是太行山支脉，位于山西介休县城东南20公里处，以形势绵亘而得名。绵山山势巍峨，多悬崖断壁和岩洞，天然植物茂密，起伏绵延百余里。早在北魏时，山中即建有寺庙，初唐时已是一处有相当规模的佛教禅林。现遗存有许多文物胜迹、佛寺神庙，是我国历史文化名山。

注重自身榜样的作用。他对自己要求严格，早在游方参禅时，已有清名，同时注重说理式教育，把精进修道及其道理编著成文，便于僧徒们接受行持。善昭引导僧徒使用许多通俗易懂的语体形式，其中用于激励精进的尤以歌为多，如《行脚歌》、《不出院歌》、《自庆歌》、《德学歌》、《是非歌》等。

凌厉峻烈是临济宗大机大用本身的特点，作为慧能禅宗十一代、临济六代祖师，善昭在继承这些特点的基础上又有所发展，主要表现为接引方式的细腻化、完善化及更加活泼化。这种禅风的变化也与时代和民风的变化有很大关系。临济义玄时代尚处唐代后期，民风相对纯朴，一言之下容易入禅，因而相对可以少一些想方设法的引导。而善昭所处年代是宋初，由于唐末五代到宋初，印刷技术有了较大

四十四世石霜楚圆禅师像

清代线刻图。楚圆禅师是临济宗第七世祖，得法于善昭禅师。善昭禅师对楚圆禅师的训教、磨砺，对楚圆禅师能够领悟禅法要旨，起到了十分重要的作用。

改进，知识普及的程度大大提高，人们的心思也越来越细腻，缺少了针对性将难以起到接引作用。而另一方面，禅宗从创立到发展，也有一个逐渐完善的过程，善昭的做法对于临济禅无疑是一种发展完善。

善昭的禅诗创作也很有特点，这些禅诗较集中地收录在《汾阳录》中。善昭作为北宋中前期的临济宗著名禅师，创作了禅宗史上最早的、规模最大的《颂古百则》，开创了禅宗大量创作颂古诗的风气，奠定了颂古诗风的基础，并被认为开宋代“文字禅”的先河。汾阳禅诗，题材广泛，反映了其深厚的学养和超妙的禅学感悟。他所创作的为数可观的组诗，在艺术上也时有佳境。其《证道颂》20首，对禅林影响很大。

善昭圆寂于宋仁宗改元天圣之后的甲子年，即天圣二年（1024年）。他培养了很多弟子，最著名的有楚圆、守芝。他们后来分别到潭州（今湖南长沙）石霜山、瑞州（今江西高安市）大愚山传法。此外有滁州（今安徽滁州市）琅邪山慧觉、舒州（今安徽潜山县）法华院全举、南岳（湖南衡山）芭蕉庵谷泉等人。从此，临济宗不仅在北方，而且在江南也得到迅速传播。

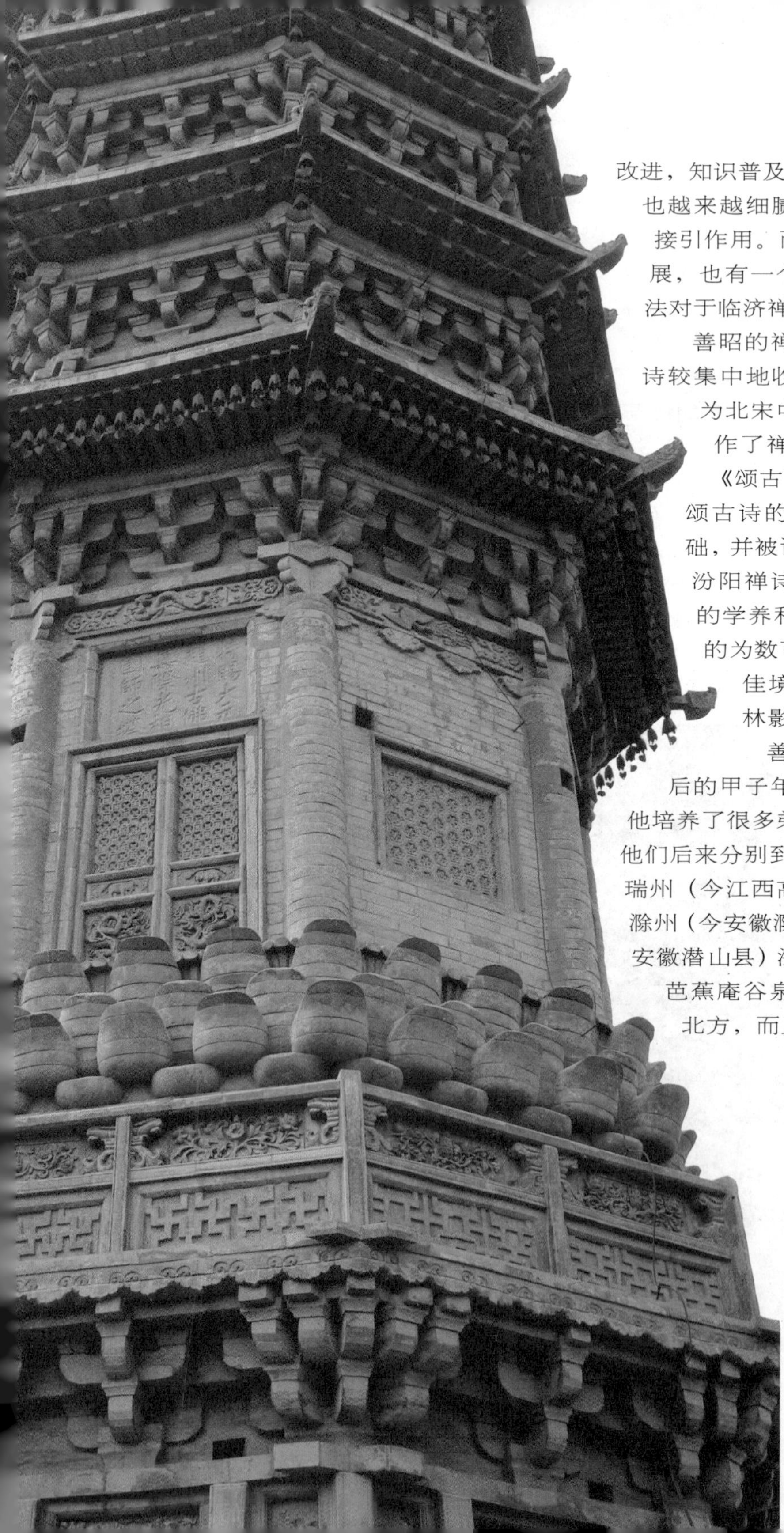

舍利塔

舍利塔，河北赵县柏林禅寺。

三教合一的倡导者
——孤山智圆

智圆（976—1022年），字无外，号中庸子，宋初著名高僧，他曾隐居于孤山，因此被称为孤山智圆。

《天女散花图》（局部）

绢本设色，纵26.6厘米，横51.4厘米，南宋刘松年绘。

天台高僧

智圆生于宋太宗太平兴国元年（976年），自幼出家，21岁从奉先源清学习天台宗教义，源清入寂后，智圆住在孤山。后来到了梵天寺、水心寺，积极组织并参与天台后人所谓“山家山外之争”。之后，智圆主动终止争论，大中祥符四年至八年之间（1011—1015年）在钱塘西湖崇福寺、大慈山崇法寺讲经、著述。

智圆作为北宋天台高僧，深入参学智者大师所建立的庞大的天台宗理论，以三观为宗、四教为纲，注重藏、通、别、圆之教道，并有所发展。智圆在天台证道思想的基础上，进一步突出了天台教道体系的鲜明特点，强

崇法寺大殿前的千手观音像

河南永城。

调佛教作为教化之道的现实性。

智圆对中国佛教的另一大贡献是为《四十二章经》做注疏，此经在传入中国近千年中，无一人为之作注疏，孤山智圆是第一人，并且对之后的注疏产生了深远影响。

浮雕

建于宋末元初的朝元寺中庭牌坊局部浮雕。

三教如鼎

佛教徒倡导的三教合一到宋代已成定式，其首倡者就是智圆。智圆不仅在北宋初澄清和发展了智者、湛然所确立的天台教学思想，而且在中唐韩愈排斥佛教之后、儒学衰微之时，著十疏以通十经，其思想得到了教内和教外的共同认可。

智圆认为三教各有价值，不可偏废，不仅要把佛教看做佛陀教化之道，同样要把儒家看做是周孔教化之道，把道家看做是三皇教化之道。因此，在智圆的学术思想中，他更侧重教道而非证道，智圆的三教合一说，强调的是儒释一致，儒重“饰身”，佛重“修心”，内佛外儒，共同治理民众。智圆认为“三教如鼎，缺一不可”，他自己更是身体力行来实践三教的融汇，成为后世的楷模。

乾兴元年（1022 年），智圆为自己写下了祭文，数日后又写下挽词 3 首，其中一首说到“平生宗释复宗儒，竭虑研精四体枯。莫待归全寂无语，始知诸法本来无”，可以说是对自己思想的总结与升华。

写下挽词后次日，智圆示寂，墓志铭写道“清净本然，无变无迁。为藏陶器，密迩闲泉”。北宋徽宗崇宁三年（1104 年）追谥智圆为“法慧”大师，而世人更愿意叫他孤山智圆，这个名字已经写进了史册之中。

慈明禅师
——石霜楚圆

楚圆（986—1039年），宋初著名禅师，对北宋临济宗的复兴作出过重大贡献，在宋代禅宗史上占有重要地位。

参学悟道

楚圆少年时曾学习儒家经典，22岁在湘山隐静寺出家。楚圆的母亲对佛教认识很深，在楚圆出家后，就鼓励他到各地去参学。之后楚圆四处游历，在汾阳听说善昭禅师名重一时，道德高操，产生仰慕之心，于是前往参谒。善昭一见楚圆，就认为他将来定有作为，是佛门的大器利根。但善昭并没有立即为其开示禅法要旨，反而不许楚圆入室达两年之久，并且每次见到楚圆都要进行教训，以此对楚圆进行磨砺。

善昭灵活地运用“磨练”、“善养”的接引方法，陶冶楚圆的心性，锤炼他的见识，当历练成熟的时候又抓准时机，切断凡情。在善昭的启悟下，楚圆终于豁然领悟禅法要旨，楚圆感叹“是知临济道出常情”，而深契临济宗的修行要领就在日常生活、应事接物中。

楚圆在善昭处得到启悟并蒙印可后，为了使自己对禅法的领悟更加纯熟，又在善昭门下苦修7年，尽领禅法要旨之后，才离开汾州。之后，受江西宜春太守邀请，楚圆住持袁州（今江西宜春）南源山广利禅院。从此，楚圆开始了住山接众、传授禅法的生涯。

山西卦山全景

卦山位于山西交城县城北，因山形似八卦而得名。卦山峰峦起伏，古柏丛生，古柏是卦山的一大奇观，树形怪异、趣味横生、别有风韵。山上著名的天宁寺建于唐代贞观年间，已历经1300多年，现存殿庙多为明、清所建。

讲法语录

楚圆先后住持袁州南源山广利禅院、潭州石霜山崇胜禅院、南岳山福严禅院等5所寺院，投奔他门下习禅请益的弟子很多。弟子们为了参阅方便，随闻随记，把楚圆上堂宣讲的禅话和应参禅弟子的询问所作的回答以及楚圆所作的偈颂等记录下来，这就成为楚圆语录的雏形。

无边寺白塔

建于北宋的山西省太谷县无边寺的白塔。

现行的《楚圆语录》包括两种本子：一种是楚圆在世的编集本，由李遵勖编辑，载于李遵勖在天圣七年（1029年）所编《天圣广灯录》卷十八，题名为《袁州南园（源）山楚圆禅师语录》。李遵勖是仁宗朝权倾一时的国戚重臣，曾亲自主编宋代第二部大型禅宗灯录《天圣广灯录》，共30卷，天圣七年（1029年）灯录编成，李遵勖献与仁宗，仁宗赐“天圣”二字并作序，大加赞赏。李遵勖在编辑《天圣广灯录》时，将楚圆的语录也编入其中，可以看出他对楚圆的推崇和景仰。这对楚圆传授禅法、接引弟子，无疑起到了积极的推动作用。

第二种是楚圆去世后的编辑本，由临济宗黄龙派创始人慧南重编的《石霜楚圆禅师语录》，内分语录、行脚、勘辨、偈颂4部分。其中语录部分是按楚圆一生住持5所寺院的顺序来编辑的，从内容上看，比较完备。慧南所编《楚圆语录》，后被收入《慈明四家录》。

石霜楚圆禅师于宝元二年（1039年）正月在兴化禅院示寂，世寿54岁，僧腊32，谥号“慈明禅师”。

杨岐派创立者
——杨岐方会

方会（992—约1049年），杨岐派创立者，宋代著名禅师。

参学于楚圆

方会是宋代袁州（今江西宜春）人，从小机敏过人，出家之前担任过官府向商贾征税的职务，因为失职而外出躲避，在到达筠州（今江西省高安县）九峰山寺游访时，忽然产生旧地重游的感觉，因此就在此地剃发出家，时为20岁。

出家后，方会每次阅读佛经，聆听妙法，都能心领神会，极具悟性。之后他到袁州南源山寺向楚圆学习禅法。众弟子中，方会追随楚圆的时间最长，从南源山寺到潭州兴化寺，一直没有离开，并发心充当监院一职，辅助楚圆管理寺务，做了将近10年的监事，后得到楚圆的启发，两次入悟，并都得到楚圆的印可，深得楚圆的禅法心要，为后来自成一家奠定了坚实的基础。

传法于杨岐

得法后，方会离开楚圆，开始自己独立的弘法生涯。他先回到筠州九峰山寺，僧俗得到消息后，便来到九峰山迎请方会住持杨

宋代泥塑

甘肃天水仙人崖宋代泥塑。

杨岐方会禅师像

清代线刻图，杨岐方会禅师。

日本京都金阁寺的建筑

金阁寺是1397年足利家族第三代将军义满作为别墅而修建的，义满死后被改为禅寺"菩提所"。

岐山寺（今江西省萍乡市北部）传法，因此后人称他为杨岐方会，称他所传禅法为杨岐宗。

杨岐方会在修行上，讲究天然自在，任运为修，无修而修。既继承了传统的临济宗风，也吸收了云门宗风中的"随波逐浪"。方会自称："杨岐一言，随方就圆，若也拟议，十万八千。"方会的嗣法弟子有白云守端、保宁仁勇等，其后再传弟子如五祖法演、佛眼清远、圆悟克勤等皆影响深远，禅众云集，门庭隆盛，法源流芳日本。南宋庆元五年（1199年），日僧俊芿来中国学习杨岐禅法，40年后杨岐宗传入日本，至今仍是日本禅宗各派中势力盛大的一派。

方会一心以弘扬临济禅法为己任，言行辑有《袁州杨岐山普通禅院会和尚语录》、《杨岐方会禅师后录》，为后世"临天下"起了重大作用。

黄龙派初祖
——黄龙慧南

慧南（1002—1068年），黄龙派初祖，宋代著名禅师。

出家参学

慧南出生于信州玉山（今江西上饶玉山），他从小就不沾荤食，也不与一般孩童那样喜欢玩闹嬉戏。11岁时，慧南跟随怀玉定水院智銮法师出家为行童，19岁时受具足戒，并于23岁开始游学参方。

慧南参学于庐山归宗寺自宝禅师，这是禅宗云门派的禅师，后来又到栖贤寺参学于法眼宗，“众进止有律度”的丛林规矩让慧南受益匪浅。慧南禅师在这里参学3年后，又再参怀澄禅师。怀澄禅师住持宝峰寺时，慧南禅师一起前往并且担任书记之职，由于修持出众，而得到“南书记之名，一时籍甚”之誉，并受到怀澄禅师分座说法的礼遇。

在这里，慧南遇到了云峰文悦禅师，文悦禅师认为慧南将来一定可以成为佛门的龙象，并提点他去向临济宗的第六代正宗传人石霜楚圆禅师（又称慈明禅师）学习。于是，慧南离赣入湘，路途中，遇到由石霜山来的僧人，该僧人因为不能领略楚圆的宗风，说楚圆常常轻慢前来参学的学人，于是慧南在半途改道，前往南岳福严寺，在福严寺任书记一职，参学于审承和尚座下。不到一年，审承和尚圆寂，石霜楚圆正式接任福严寺方丈，于是慧南与楚圆之间的机缘成熟，慧南禅师经历过多位老师处的学习，终于到了楚圆座下。

楚圆到了福严寺，每次上堂说法，总是

黄龙慧南禅师像

清代线刻图，黄龙慧南禅师。

明福寺砖塔

河南滑县明福寺砖塔佛像雕刻。

江西赣州通天岩

通天岩风景名胜区位于江西赣州市西北郊，全国重点文物保护单位。这里岩深谷邃、树木参天、丹崖绝壁、风景秀丽，是十分典型的丹霞地貌。因为"石峰环列如屏，巅有一窍通天"而得名。

江西赣州翠微峰

翠微峰地处江西赣州宁都西北郊，古称金精山，因传道姑张丽英为金星之精于此修炼而得名。景区内丹霞地貌峭壁丹崖、石峰林立、瑰丽多姿，气候条件优越，动植物资源丰富，是著名的旅游胜地。

说没两句就开始骂人，起初，慧南很是不服，但回想文悦禅师的话，想到心中的疑惑要自己来解开，因此决定直接向楚圆禅师请法，经数番教诲，慧南对石霜楚圆所教心悦诚服，在楚圆禅师的提点下而悟道，这一年慧南禅师 35 岁。

开演法义

悟道后，慧南到了同安崇胜禅院接任住持，开法同安之后，声名远播，即有“石霜一派入江西也”之说。在同安两年之后，禅师又被请至庐山归宗寺担任住持，由于名声

小专题

黄龙三关

黄龙“三关”之法，即为黄龙慧南禅师所创设，用以接引学人的“生缘”、“佛手”、“驴脚”三问。第一关“生缘”。“人人都有生缘，你的生缘在哪里？”以平常话发问，“生缘”即指人的姓氏、籍贯等，对于一个入寺参学的人来说是必须通报的。但在慧南禅师的首关中，以此契机，话分两截，进而试探学人是否有吃赵州茶的本领。“吃赵州茶”本是一公案，丛林用得很多，看似平常，寓意深邃，由此而显示学人与禅修之根基。再问：“我手何似佛手？”意从理上设问，试探学人对法的敏感，去其法执，充满机锋激流。第三关问“我脚何似驴脚？”意在紧扣涅槃无生境界的第三关，启发学人把握自性，脱尽生死牢关，抛弃我执、法执，进入纵横自在的境界。“黄龙三关”以此三语来试探学人，挑起学人最深沉的疑情，疑之至极，令其困极而通，触机开悟。这就是著名的“黄龙三关”。

《千字文》卷

宋徽宗赵佶手书楷书《千字文》卷。

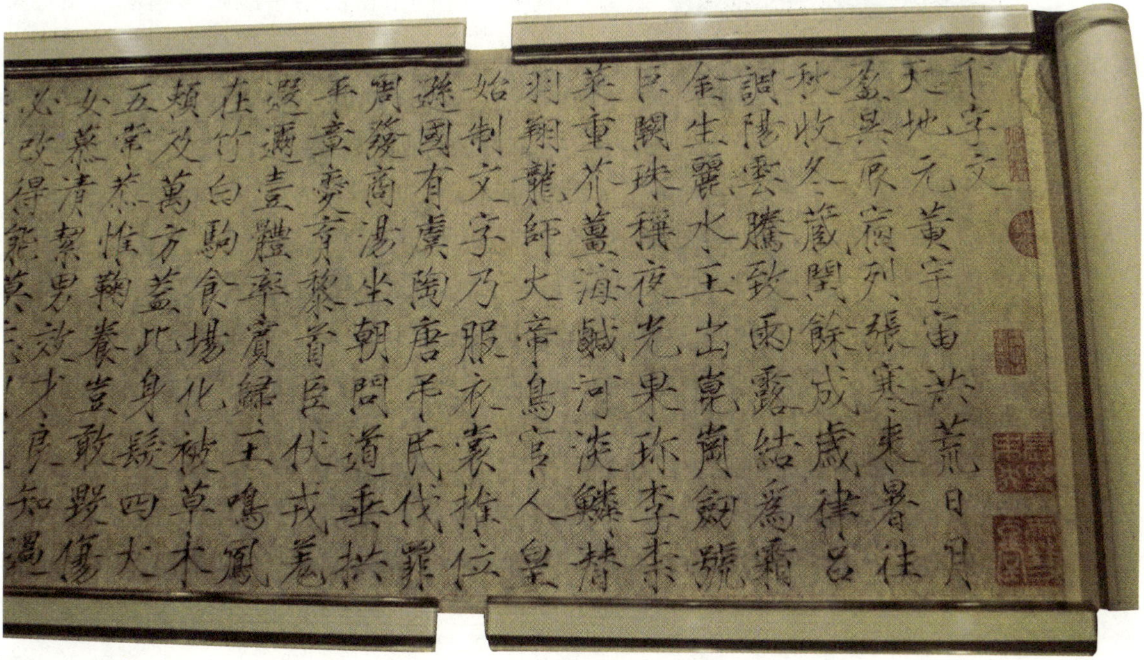

显赫，以致石霜门下的僧人也不远千里而来随其学法。当时的名宦显贵如王安石、程师孟等经常来请益，南昌、九江一带太守、判官等官员也都登山听法，或恭敬地请慧南入署说法。

治平二年（1065 年），应隆兴府（今江西南昌）太守程师孟等人之请，慧南入主黄龙山黄龙寺（在今江西修水县），黄龙慧南之名即由此而来。慧南禅师接引学人，不用死板的言语，也不像临济宗的末流滥用棒喝，而是充分酝酿疑情，将学人的思维推上绝路，再伺机推一掌，使其大疑大悟，慧南最著名的接引学人的方法就被称为“黄龙三关”。

慧南开创的这一派别，被称为黄龙派，与同门师兄杨岐方会开创的杨岐派，和临济、沩仰、曹洞、云门、法眼，合称为禅门的“五家七宗”。黄龙慧南禅师法席昌盛，几乎可以媲美之前的禅宗高僧马祖道一、百丈怀海等禅师，门下得法弟子以晦堂祖心（又称黄龙晦堂）、宝峰克文、东林常聪最为著名，连宋代理学大家周敦颐也曾自道“吾此妙心实启黄龙”。宋淳熙十四年（1187 年），日僧明庵荣西来华，在虚庵怀敞门下受黄龙宗脉。归国之后，开日本临济宗建仁寺一派，成为日本禅宗二十四流中之黄龙派。

黄龙禅师在熙宁二年（1069 年）说偈：“得不得，传不传，归根得旨复何言；忆得首山曾漏泄，新妇骑驴阿家牵。”之后于寝室内结跏趺坐圆寂，世寿 68 岁，戒腊 50 年，大观四年（1110 年），宋徽宗敕谥“普觉”之号。

明福寺砖塔

河南滑县，建于宋代的明福寺砖塔。

明教大师
——契嵩

契嵩（1007—1072年），字仲灵，自号潜子，出生于藤津（今广西藤县），宋代著名禅师。

素有佛缘

契嵩从小就表现出对佛教的尊敬，他的父亲是个虔诚的佛教徒，认为他将来会成为佛门弟子，因此给他起名为“仲灵”，表示具有佛的灵气。

契嵩7岁时，父亲临终前留下遗愿，让契嵩出家。父亲去世后，母亲将契嵩送入本地东山寺内。契嵩在寺院里呆到12岁时，他的两个哥哥商量让他还俗回家读书，但契嵩出家之心很坚定，不肯离去。契嵩13岁时落发为沙弥，一年后即受具足戒，法号契嵩。

契嵩19岁时，开始外出游方，由于受到点化，他头上戴着观音像，口诵“观音菩萨”十万声。无论是在深山老林，还是大街小巷，他都是口念“观音菩萨”不停，佛门僧人都尊称他为“十万声僧人”。

得法护教

在湖南时，契嵩拜谒临济宗的神鼎洪湮禅师，但没有契悟。后来在江西参云门宗禅僧洞山晓聪，在晓聪门下得法。契嵩对佛门最大的贡献在于他的著作。

广西桂平西山

桂平西山，又称思灵山，因在桂平城西而得名。桂平西山向以“石奇、树秀、泉甘、茶香”著称，峰峦嵯峨、巨石纵横、绿荫遍地、古树参天，景色壮丽。西山人文历史悠久，有李公祠、洗石庵、龙华寺、乳泉亭、飞阁等建筑物，历代文人墨客赞赏西山的诗词对联有4000余首。

庐山日出

庐山日出难得一见，只要稍有云雾，便无缘一睹芳容。不少人跑了好些回，都是乘兴而上，败兴而归。含鄱口是庐山日出的最佳观察点，红日喷薄而出时，天空中紫霞升腾，祥云飞舞，染红了东方的苍穹，一片片云朵，被染织成一面面斑斓的彩旗。

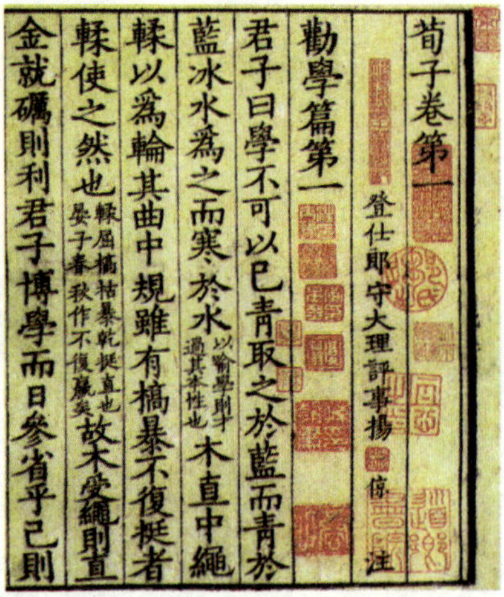

荀子卷第一

登仕郎守大理評事楊倞注

勸學篇第一

君子曰學不可以已青取之於藍而青於

藍冰水為之而寒於水以喻學則才過其本性也木直中繩

輮以為輪其曲中規雖有槁暴不復挺者

輮使之然也輮屈槁枯暴乾挺直也晏子春秋作不復贏矣故木受繩則直

金就礪則利君子博學而日參省乎己則

《荀子》

宋本杨倞注《荀子》书影，《荀子》是儒家经典著作。

当时佛门之内对禅宗的传承存在许多争论，契嵩为确定禅门世系而查遍经书，逐一审视校验。在经过几年的阅读和校验后，他认为《宝林传》中提出西竺二十八祖之说是有根据的，决定采纳并加以论证，这引起佛门极大的震动，其他派别说他伪造佛门历史。契嵩并不示弱，博引圣贤经论及古人集录为证进行辩论。

在辩论中，契嵩感到必须系统地著书立说以正本清源，只有极有说服力地写出几本书来，才能说服佛门各个教派和学者。他夜以继日地潜心写作，写成《传法正宗记》和《禅宗定祖图》，详细总结佛教宗派源流情况。

《传法正宗记》共有12卷10多万字，《禅宗定祖图》由当时著名画家吴缣绘画，吴缣的画传神逼真，宛若活人。契嵩还写了《教外别传》一书，强调禅宗为教外别传，是达摩传入中国以后，中国自立一说，这是中国的佛教思想与特点，因此虽然是天竺师祖承传，但已是中国化的佛学，这种说法对后世的禅宗影响很大。

广西青秀山

青秀山，原名青山，又称泰青峰，位于广西南宁市东南，因林木青翠、山势秀拔而得名。它面临邕江，后倚群峰，气势雄伟，风景绝佳，素以山不高而秀、水不深而清著称。

影响深远

宋仁宗年间，文学界兴起古文运动的热潮，文人学士大都羡慕中唐文豪韩愈，尊敬儒学、排斥佛教。契嵩认为要使朝廷的高官支持他的“传法正宗”学说，首先要解决排佛的观点。他花了几年的时间，先后写了《辅教编》、《原教》、《广原教》、《教论》、《坛经赞》、《真谛无圣论》，在一系列文章中贯穿着一个观点，就是不能把佛教看成是凌驾于儒家之上的一种宗教。他在《辅教编》中提出佛教可辅儒教，在其他文章中，契嵩博引儒佛经典，以证儒佛兼容，他的主要观点是佛教的“五戒十善”和儒家倡导的“五常仁忠”、“忠君爱国”思想实质上一样，两者“异号而一体”。

当《辅教编》出版时，便被“吴人模印”，很快在中国东部一带传开，产生了很大的影

小专题

欧阳修与佛教

北宋时期排佛最具代表性的文章是欧阳修发表于宋仁宗庆历初期的《本论》。《本论》3篇共5000字，对韩愈的《论佛骨表》、《原道》、《原性》等文章中所述的“排佛”观点大加发挥。欧阳修在文中说：“佛为夷狄”、“佛法为中国患千余岁”。他指出，虽然历史上许多人力排佛教，并开展灭佛运动，但佛教却极其具有生命力，因此他建言要用另外一种方法排佛，就是要发扬儒家学说，认为儒家的“礼”、“义”才是治国之本，只有大兴礼义，才能在民间用儒学取代佛学。

契嵩的《辅教编》（上中下）主要就是针对欧阳修的这篇文章展开论述的，他在京城期间，宰相韩琦以及其他大臣，包括欧阳修等都和他有交往，欧阳修对契嵩的文章大加赞赏，并邀请其深谈。之后，欧阳修不再写反佛的文章，并在晚年自号“六一居士”。他从早年的排佛派，变成虔诚的“佛门居士”，诵持《华严经》以迄至终，可以说其转变与契嵩对他的影响有很大关系。

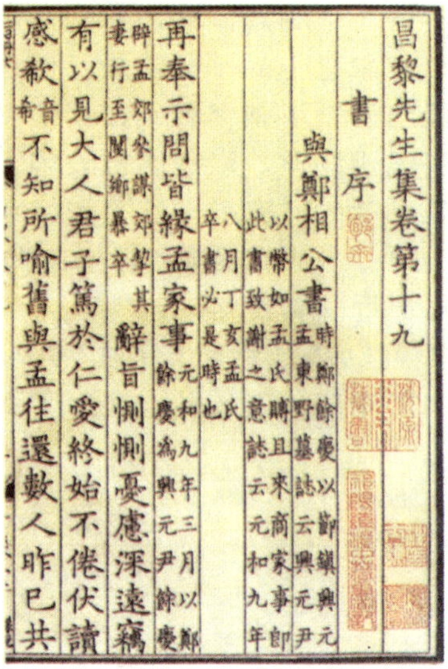
昌黎先生集卷第十九
書　序
與鄭相公書 時鄭餘慶以節鎮興元 孟東野墓誌云興元尹
以幣如孟氏賻且來商家事郎 此書致謝之意誌云元和九年
八月丁亥孟氏 辛書必是時也
再奉示問皆緣孟家事 元和九年三月以鄭 餘慶為興元尹餘慶
辟孟郊參謀郊挈其 妻行至閺鄉暴卒 辭旨惻惻憂慮深遠竊
有以見大人君子篤於仁愛終始不倦伏讀
感歎 音希 不知所喻舊與孟往還數人昨已共

《昌黎先生集》

宋本《昌黎先生集》卷第十九。

《女孝经图》（局部）

《女孝经图》（局部），南宋。

响，儒佛各界名人都在研究此书，民间百姓也流传这本书。一些排佛势力的代表人物，读了《辅教编》等文章以后，觉得他的文章很有魅力，感叹地说：“既爱其文，又畏其理。”深为契嵩的理论和古文功底所折服，排佛之风逐渐消退。

同时，契嵩的《传法正宗记》和《禅宗定祖图》在僧俗间流传也很广泛，反应强烈。契嵩携书在嘉祐六年（1061 年）到达开封，托开封府尹王素上奏朝廷。仁宗皇帝看后大为赞赏，令传法院将其编入《大藏经》，作为禅门法理。同时，赐给契嵩一套“紫方袍”和“明教大师”的称号，认为他圆满阐明了佛教历史。

契嵩一直坚持融合三教的主张，在禅林中影响甚大。北宋中期以后，儒、佛之间矛盾不仅大为缓和，而且加速融合，最终形成南宋理学。契嵩不仅对中国佛教发展史有很大的贡献，在文学史上特别是古文方面也取得了突出成就，成为佛教界不可多得的文学大家。

作为一名禅师，契嵩在禅宗史上的主要贡献，一是作《辅教编》等书，继承宗密思想，论述教禅一致，倡三教融合，特别强调儒释两教的一致性。二是作《传法正宗论》等书，厘定禅宗传法世系。此外，契嵩作为禅门高僧，还进行了一项重要工作，即对《坛经》进行了校订。契嵩用了近两年时间，于至和三年（1056 年）完成，这就是现在传世的《坛经》版本中的契嵩本。

宋神宗熙宁五年（1072 年），契嵩禅师召集众僧，吟诵一偈：“后夜月初明，吾今独自行；不以大梅老，贫随鼷鼠声”。言毕，在法座上盘腿而坐，闭目入禅定，到午夜时分，涅槃示寂。

平山堂

江苏扬州市平山堂，北宋庆历八年（1048年）欧阳修任扬州知州时所建。

圆悟克勤禅师像

清代线刻图，圆悟克勤禅师。

禅门第一书的作者
——圆悟克勤

克勤（1063—1135年），四川崇宁（今属四川郫县）人，字无著，北宋临济宗杨岐派杰出的禅僧，在中国禅宗史上占有重要的地位。

禅门龙象

克勤祖上世代以儒为业，克勤儿时记忆力极好，能够日记千言。有一次偶游妙寂寺，克勤见到佛书，读之再三，如获旧物，怅然不已，认为自己过去可能是个出家人，所以佛缘如此深厚。于是克勤立志出家，依寺僧

九寨沟秋色

九寨沟位于四川省阿坝藏族羌族自治州九寨沟县境内，以有9个藏族村寨而得名。九寨沟海拔在2000米以上，遍布原始森林，沟内分布108个湖泊，有“童话世界”之誉，全国重点风景名胜区，被列入世界遗产名录。

自省法师落发，后又从文照法师学习讲说，从敏行法师学习《首楞严经》。之后，克勤先后礼谒了诸多大德，都被他们视为法器，晦堂祖心禅师甚至说：“他日临济一派属子矣。”

克勤后投杨岐三世传人五祖法演禅师座下，因为博通经教，加上参过不少禅门宿德，因此他有很重的豪辩之习气。为了将克勤锻造为一代法将，法演禅师对克勤要求非常严格，决不徇一丝一毫的人情。凡克勤所尽机用，法演禅师皆不认可。数年之间，克勤时常将自己悟道的机缘，写成偈颂，呈送五祖法演，五祖法演一直认为克勤尚未明心见性。克勤失望之余决定离开。

克勤行脚到金山寺，住下来之后，继续参禅，却感染了风寒，病中的克勤想起了五祖法演之前教训自己的话，似乎有些觉悟。病愈之后，克勤又回到了五祖法演身边，担任侍者，继续修行。

之后，克勤的悟境逐渐成熟，于是写了一首悟道偈：“金鸭香销锦绣帏，笙歌丛里醉扶归。少年一段风流事，只许佳人独自知。”

在禅宗僧人中，像克勤这样通过艳诗而开悟者，并不少见，有些偈甚至可以直接拿来当情诗欣赏。克勤用男女私情比喻“佛祖大事”，本身就是禅宗史上一段著名的公案。

从此以后，克勤便被推为上座，与五祖座下其他两位得法弟子佛鉴慧勤、佛眼清远齐名，世有“演门二勤一远”之称，被誉为“丛林三杰”。

著书碧岩

在中国禅宗史上，杨岐派和黄龙派同时兴起，后来黄龙派的法脉断绝，而杨岐派后期则恢复了临济旧称，所以临济后期的历史

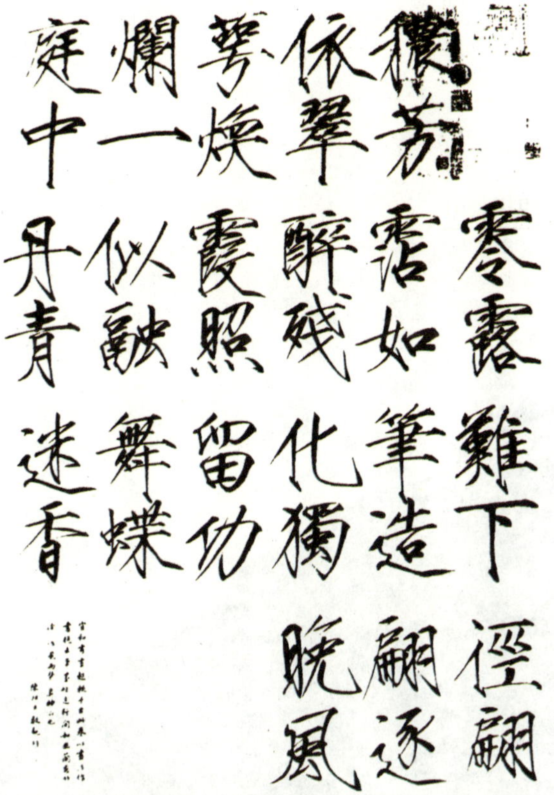

《秾芳依翠萼诗》

宋徽宗赵佶瘦金体书法《秾芳依翠萼诗》。

也就是杨岐派的历史，出自杨岐派大师五祖法演门下的克勤对于杨岐派的发展作用巨大。

得法后，克勤辞别五祖法演，回四川探望年迈的母亲。翰林郭知章邀请其住持成都昭觉寺。之后，克勤南游湘鄂，在荆南（今湖北江陵）与大居士张商英辩论《华严经》要旨及禅门宗趣。张商英是兜率从悦禅师之得法弟子，堪称饱参之士，眼界颇高，与克勤交谈后，他对克勤大为佩服，以师礼待之，称其为“僧中管仲”，并请他住持澧州（今湖南澧县）夹山灵泉院。

在夹山期间，克勤对雪窦重显的《颂古百则》进行注释，弟子们将之整理成书，以夹山的别名“碧岩”为书名，所以叫做《碧岩录》。克勤大力宣传和推广文字禅，在《碧岩录》中，克勤紧密联系禅宗的基本理论，

四川岷山

岷山是中国大熊猫的主要分布区，著名自然风景区，南北逶迤500多公里，故有“千里岷山”之说。四川境内为岷山中南段，是岷山的主体部分，古冰川遗迹很多。山体由砂岩、板岩、石灰岩和花岗岩等组成，地形崎岖。

把公案、颂古和佛教经论结合起来，为解释公案和颂古奠定了坚实的理论基础，他对公案的解释分析不乏创见，使十分晦涩难懂的公案变得直截易解。

《碧岩录》成了禅宗的新经典，被称为“禅门第一书”。《碧岩录》问世之后，禅林轰动，并有许多模仿该书的作品陆续问世，但也有人反对这种雕饰言辞、舞文弄墨的做法，认为有违直指人心、不立文字的禅宗宗旨。克勤的弟子宗杲干脆烧掉了《碧岩录》的刻板，但未能阻止该书的流传。

《碧岩录》是禅宗史上影响很大的一部著作，它的出现并非偶然现象，反映了北宋以后的禅宗逐渐重视佛教经典和本宗的文献

典籍，与其他宗派看重文词义理的传统修行方式缩小了距离，此后便演变成禅教合一、禅净双修的趋势。

宋徽宗政和末年，太保枢密邓子常上书朝廷，极力称颂克勤的德行，于是宋徽宗敕赐克勤紫服及“佛果禅师”之号，诏住金陵（今江苏南京）蒋山。禅僧纷纷慕名前往，晚到者竟然无处立足。后来克勤居住在金山，高宗到扬州时，诏克勤入对，赐号“圆悟”，因而世称“圆悟克勤”。

南宋绍兴五年(1135年)，克勤在成都昭觉寺圆寂，圆寂前曾写下16字偈语：“已彻无功，不必留颂。聊示因缘，珍重珍重。”时年73岁，谥号“真觉禅师”。他的墓塔建于昭觉寺内，后人俗称为“国师墓”。

克勤的嗣法弟子达75人之多，其中最著名者为大慧宗杲、虎丘绍隆，并称为圆悟克勤门下的“二甘露门”。虎丘绍隆在禅学上没有什么建树，但他的法系传承一直不断。宗杲以后的临济宗传承基本上出自虎丘绍隆一系。

宋代印鉴

宋代印鉴（九叠文），赵佶“御书之宝”印。

华林寺

福建省福州华林寺，建于北宋乾德二年（964年）。

晋唐以来诗僧之冠
——惠洪

惠洪（1071—1128年），一名德洪，字觉范，又号冷斋，江西宜丰县人，宋代著名诗僧。

人生沉浮，道心不改

惠洪的一生可谓磨难诸多，起伏曲折。他14岁时，父母于一月中先后去世。为谋生计，惠洪到县内三峰山宝云禅院，投青色禅师座下出家为童子，之后随师攻读内外典籍，博涉文史，知识大进，并得到恩师赏识。

元祐四年（1089年），惠洪赴东京（今河南开封）天王寺参加度牒经试，借用天王寺亡僧“惠洪”的名字得度为僧，之后师从宣秘禅师研读《成唯实论》等，长达4年。这期间，惠洪的诗作已经闻名京城内外。

元祐八年（1093年），惠洪南归，投庐山归宗寺方丈、黄龙宗二世真净克文和尚座下参学，承受“黄龙三关”钳锤，慧悟日增。绍圣三年（1096年），惠洪禅师随真净克文和尚迁锡宝峰禅寺，并在此悟道，得到“契空旨，明心见性”之嘉许，而得印可。惠洪即受黄龙法脉，成为第三世传人。

克文和尚圆寂之后，惠洪到金陵游参于诸寺院，广结法缘，弘传黄龙宗风。之后，惠洪被礼为清凉寺住持，却被人以“冒惠洪名”获牒及曾与释法和等议论朝政等罪名举报，因此入狱一年，并在狱中生了场大病。

出狱后，惠洪来到京师，经过丞相张商英等奏报朝廷再次得度为僧。政和元年（1111年），张商英等获罪，惠洪也因为与之交往密切而受牵连，流放海南琼崖，度过3个贫

汴京宣德楼前演象图

汴京宣德楼前演象图。北宋王室每年都要在皇宫宣德楼前举行盛大的车骑演象活动，烘托歌舞升平的气氛。

病交加的春秋。之后由于遇到大赦，才得以北归。惠洪回到江西后，入住明白庵，参禅之余，感慨万分，撰《明白庵铭》以示自悔。之后，惠洪只是在明白庵修行，有时偶尔往返于九峰、洞山、黄檗等处，谈禅说定，吟诗作对，写意作画。但是又因张怀素“乱党犯上”受牵连，这本是个与惠洪毫无干系的案子，地方官明知诬告，为核查方便，还是将他收监百天。

湖口石钟山

湖口石钟山位于鄱阳湖出口长江南岸，属湖口县双钟镇，位于镇南的叫上石钟山，位于镇北的叫下石钟山，相对高度只有50多米。石钟山历史悠久，据北魏郦道元说，是微风鼓浪，水石相搏，其声若钟；唐李渤则在深潭上发现两块石头，其相击之声清脆而高亢，故名石钟。北宋苏轼亲自乘舟考察，发现绝壁下都是洞穴和石缝，风浪冲击洞穴，发出钟鸣般的声响，并为此写下了千古名篇《石钟山记》。

由于入狱，惠洪又被削去僧籍，直到靖康元年（1126年）宋哲宗即位，张商英东山再起，保举惠洪复牒为僧获准，惠洪才正式恢复了僧籍。

深得三昧，鸿篇传世

惠洪禅师慧根早显，少年出家，既得高僧精心教导，痛加钳锤，自己又深入经藏，潜心参究，因而慧悟俱丰，尤其是在克文和尚座下承嗣黄龙法脉之后，更是严守戒律，潜心修持，诸宗融通。

在注重认真参禅问疑、研究公案的同时，惠洪认为自初祖达摩禅师当初将禅宗东传中华，提倡“不立文字，以心相印”，时悟者甚多，但是而后特别是到了宋以后，人们根基不同往昔，因此“心之妙不可以语言传，而可以语言见”。因此，惠洪认为文字对禅修知见的弘传有时有其特别的作用。

惠洪一生笔耕不辍，在数十年的参禅过程中，留心积累，融合文字与禅，为弟子后人留下了一批著述，主要包括几类：第一类是释注《金刚经》、《楞严经》、《圆觉经》等经书，第二类是创作《僧宝传》、《林间录》、《五宗纲要》等佛学丛书，第三类是编录书籍《石门文字禅》、《冷斋夜话》等。

由于惠洪于“禅”参究领悟境界较高，他对先师前贤公案的参悟也有独到之处。惠洪对历代先师前贤生平行履资料的收集整理，下了不少工夫。以此为基础，宣和六年（1124年），惠洪编纂完成《禅林僧宝传》30卷。此书收载唐末到北宋政和年间的禅宗高僧大德81人，其中有曹洞宗二世曹山本寂、云门祖师文偃、黄龙派祖师慧南、杨岐派祖师方会等人。在编纂方法上，《禅林僧宝传》另辟记述人物以言论见长的新径，以丰富详确的史料、生动活泼而又引人入胜的文字来行文。《禅林僧宝传》面世之后，得到很高的评价，惠洪禅师被誉为“其才则宗门之迁固也”。

惠洪还留心收集丛林见闻、禅门逸事，到大观元年（1107年），惠洪禅师便将随录笔记交本明禅师编次整理后，冠名曰《林间录》，刻版付印流通。此书内容广博，门类众多，虽仅300余则，所记及的人物却达数百人之多。他们之中有开一代宗风的禅宗祖师，也有官居显位却虔诚奉佛的护法檀越，包括临济祖师义玄、香山居士白居易、南京永宁寺

江西湖口鞋山

鞋山，因其形似仙女遗落鄱阳湖中的鞋而得名，位于鄱阳湖口，距长江入口仅几公里，与长江中一石岛——小孤山遥遥相对，因此又称大孤山。如果从烟波浩渺的鄱阳湖上远望鞋山，正是山如其名，只见一只“大鞋”立于天地之间。其形状惟妙惟肖，让人感叹大自然鬼斧神工的造化。

黄庭坚像

黄庭坚，字鲁直，号山谷道人，世称黄山谷，晚号涪翁，洪州分宁（今江西修水）人，宋英宗治平四年（1067年）进士，北宋诗人、书法家，与苏轼齐名，世称“苏黄”。

《雪山萧寺图》

宋代，佚名，册页，绢本设色，纵24.7厘米，横25.5厘米，美国波士顿美术博物馆藏。此图描绘雪山景象。

护法王安石等人。所记述的事迹则有偈语、法语、丛林典故、禅门规仪等，其中不少是秘闻逸事。《林间录》一直得到人们的好评。直至今天，在众多的佛门笔记中，《林间录》还是撰作较早、知名度高的一种。

长于诗文，亦擅丹青

惠洪一生在奉佛习禅弘法的同时，以自己出众的聪慧、扎实的功底，在诗、词、赋及书法丹青诸多方面都有着较高的成就。尤其是工于诗，享有盛名，被人们尊为“宋代著名的诗僧”。他的诗词作品，被认为具有选材自然、构思完美、情思婉约、运笔神速四大风格。宜春历代诗人的诗作，只有惠洪所作的《秋千》一诗被收入《千家诗》中，而作这首诗的时候惠洪仅14岁。

惠洪禅师早在青年时期，诗名就鹊起京华。成年之后，又与黄庭坚、超然等僧俗两界诗人多有交往，相互唱和。其题于宜春城北崇胜寺的一首咏竹诗，深得黄庭坚等历代诗家赞赏，以宋诗精品被收入《宋诗鉴赏辞典》。

惠洪禅师一生行脚参访所到之处，佳景胜色，多以诗句记述。同时，在研读佛门经典、祖师遗训、丛林公案之时，一有心得，也多以诗偈述之，还有一部分则是怀念师友、缅怀先贤之作。惠洪笔耕不倦，到晚年完成《石门文字禅》30卷的整理编著，由弟子信众捐资刊印流通。

后人对惠洪禅师一生的诗词作品无法准确统计，仅在《石门文字禅》中就有诗集16卷，存诗千首。惠洪禅师诗作不仅数量多，而且风格清新，活用典故，点石成金，充满禅意，启人遐思。黄庭坚称之为：“胜韵不减秦小游，气爽绝类徐师川。”

惠洪禅师不仅写下了大量的诗作，而且对诗歌理论也多有建树，著有《冷斋夜话》10卷等诗话作品。成语“满城风雨”、“脱胎换骨”、“痴人说梦”等典故均出于此书中。《冷斋夜话》主要记述了苏轼、黄庭坚、王安石等人论诗的见解，以及当时不少诗坛趣闻逸事。同时，也记述了惠洪禅师自己对诗歌创作、评析的见解。

此外，对于书画创作，惠洪禅师也有其见解。惠洪禅师擅长丹青，尤工梅竹。惠洪禅师认为，作书绘画于内心要有积学，方可自然，还强调字画创作品味的高下，与其人的人品至关重要。用他自己的话说：“新诗满箧江南去，又作丛林禅事传。”

他的诗词文章美轮美奂，堪称“晋唐以来诗僧之冠”。

1128年，惠洪写完《资福法堂记》，示疾而圆寂，世寿58岁，殁于福建同安，葬于凤栖山，徒众为之建塔，塔曰“寂音塔”，韩驹之为其撰塔铭，获赐“宝觉圆明禅师”之号。

《大驾卤簿图卷》（局部）

宋代《大驾卤簿图卷》（局部）。描绘宋朝皇帝出行的仪仗队情形。古代称皇帝的车驾为大驾，皇帝出行时在其前后的仪仗队称为卤簿。

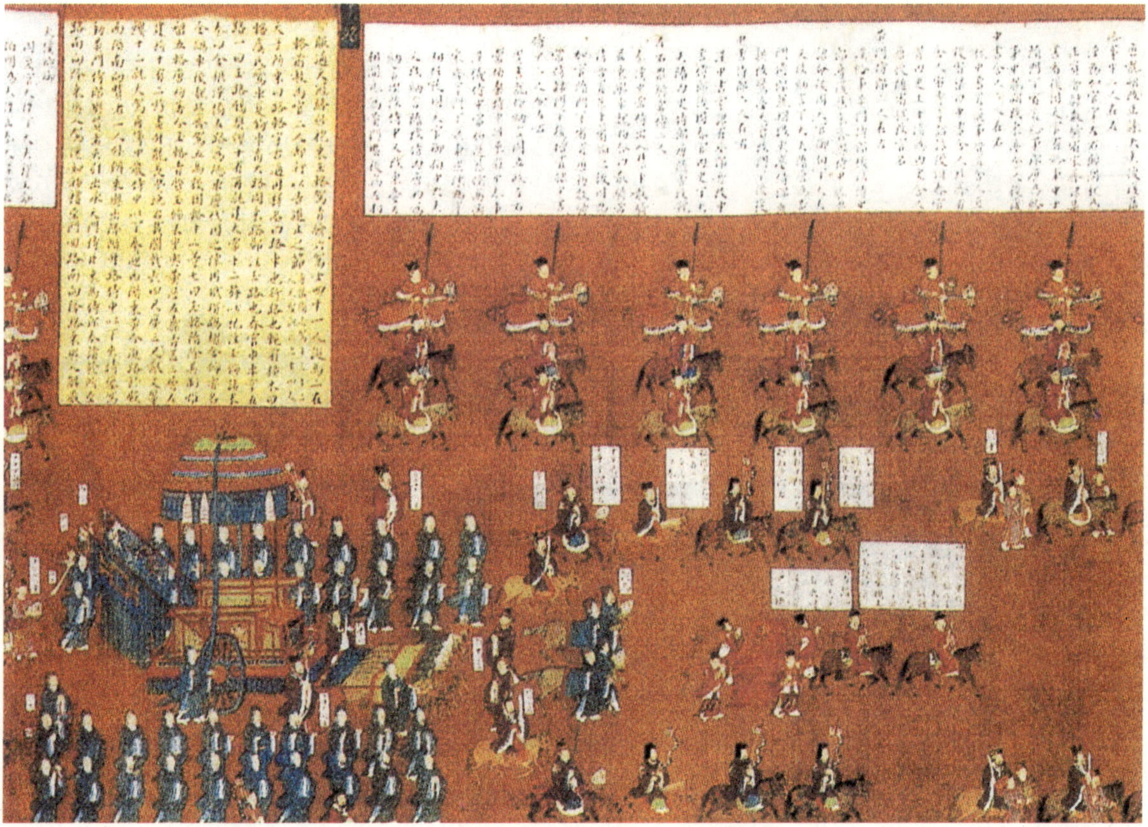

看话禅的开创者
——大慧宗杲

大慧宗杲（1089—1163 年），宋代杨岐派第五世禅师，属于六祖慧能第十七世，法号大慧、谥号普觉，创立“看话禅”，他的禅学思想对当时和后代都产生过很大影响。

大慧宗杲禅师像

清代线刻图，大慧宗杲禅师。

生平事

大慧宗杲是宣州宁国县人（今安徽宣城县），出生于北宋哲宗元祐四年（1089 年），据说其出生前母亲有神奇的胎梦，出生之时有“白光透室”的不凡之象。

大慧宗杲六七岁时，就已经显示出善根，每当听到僧人的话语，就充满欣喜，13 岁时已偏向出世，16 岁时出家于东山慧云寺，拜慧齐禅师为师。大慧宗杲 19 岁时开始游历各地，参见善知识，24 岁时，参学于临济宗黄

天宁寺

浙江省金华市天宁寺，建于北宋大中祥符年间（1008—1016 年），赐名承天寺。宋徽宗崇宁年间改为崇宁万寿寺。

龙派真净克文的弟弟湛堂文准禅师。

宗杲27岁时，文准示疾，因而嘱咐宗杲去参见圆悟克勤禅师，在参见圆悟克勤之前，宗杲仍继续参学。宗杲36岁时，圆悟克勤禅师奉诏住天宁，宗杲就去天宁拜谒，在与圆悟克勤问答学习之后，宗杲进入悟境。之后，圆悟克勤住东京（今河南开封），宗杲也一同前往，在那里得到大悟。圆悟把《临济正宗记》交给宗杲，并与宗杲分座说法，从此宗杲名振京师。

靖康元年（1126年），丞相吕舜徒奏赐宗杲紫衣，并得“佛日大师”之赐号。绍兴七年（1137年），宗杲应丞相张浚之请，住持径山能仁寺，宗风大振。绍兴十一年（1141年），侍郎张九成到能仁寺学禅，偶尔议论朝政。由于秦桧当道，力谋与金人议和，而张九成却是主战派，秦桧为铲除异己，宗杲也受到牵连，被褫夺衣牒，流放衡州（今湖南衡阳），这一年宗杲53岁。在衡州流放的10年中，宗杲著《正法眼藏》6卷。绍兴二十年（1150年），宗杲62岁的时候，又被贬至梅州（今广东梅州），绍兴二十五年（1155年）才得到赦免，第二年恢复僧服。宗杲72岁时，孝宗特赐“大慧禅师”之号。

看话禅

在大慧所处的时代，出现了文字禅的泛滥，有些人热衷于公案的注解和问答，轻视悟，甚至反对悟，大慧对此进行了尖锐的揭露和批判。

太平湖

太平湖位于安徽黄山市黄山区境内，是黄山重点风景区之一。太平湖湖光山色得天独厚，湖水清澈碧透，青山起伏连绵，湖水风姿绰约，岛屿散落如珠，一派美丽恬静的山野风光。

南山寺石刻

广西贵港市南山寺，宋代庆元年间的石刻。

南山詩
朝請郎權發遣貴州軍州兼管内勸農事
貳臣陳讓撰并書
南山祝
壽也天造其山在貴之陽二十四峰拔地隋
到其山維何如彼王倉宅位于離大德之祥
南山何有有牙其巖若堂甚夷若門著三穹者
盖圖植者羽参石像天成匪鑿匪劍陟彼山巔
洞盖奇南北户通千里頫闞伊晉之洪乘縈
於斯丹飛井留木潤州滋昔我
太宗雲章下賁於皇
仁廟奎文神至巖處有煇神護孔閟公昭
聖朝聲明遠暨南山不騫
天子萬年南山不朽

安徽琅琊山石刻

琅琊山位于安徽滁州西南，城山相接，山由晋元帝司马睿以其王封号而得名。全国重点风景名胜区。风景区内丘壑、林泉、寺宇、亭台、古道、古关隘均以其蔚然深秀、清幽淡雅著名。境内山峰层峦起伏，沟谷深邃，溪流潺潺，森林茂密，素有“蓬莱之后无别山”美誉。

宗杲在禅宗史上的重要地位，在于他盛倡“看话禅”。他虽然师出克勤，但认为克勤评唱颂古的《碧岩录》有违禅宗直指人心之旨。因此在克勤死后，他曾焚毁《碧岩录》刻板，此举就是为了抑制禅风的流弊。宗杲明确反对把公案当成正面文章来理解、诠释，而主张提出公案中的某些语句，作为“话头”（即题目）来进行内省式的参究，以此为入门，进而达到开悟的目的。这一主张和修持工夫，对中国禅宗的宗教实践又作了一次新的调整，成为后世禅宗大师教化学人和开导参禅士大夫的重要手段。

宗杲特别强调对“生死大事”的探究。在佛教那里，“生死大事”乃指佛法的根本，或宇宙的究竟，或生命的本质，或生死的态度。他反复强调要把“生从何处来，死从何处去”这个“无常迅速生死事大”的问题弄明白，只有“知得来去处，方名学佛人”。

宗杲把“疑”作为参究的条件、开悟的前提。他明确指出，参话头一定要起疑情，疑情越大越好，“大疑之下，必有大悟”。每参究一个疑情，就否定一个疑情。不断参究，把所有的疑情都否定掉了，才能恍然大悟，见到自己内在的真实生命。

宗杲使参话头成为修禅的必经途径，这对于矫正当时文字禅的流弊，恢复临济宗风，无疑起了重要作用。

隆兴元年（1163 年）宗杲 75 岁时，入寂前因为僧众的恳请，而书临终偈：“生也只恁么，死也只恁么，有偈与无偈，是甚么热大。”

之后，宗杲示寂于径山明月堂，谥号“普觉禅师”，遗有《大慧语录》、《正法眼藏》等书，嗣法弟子 90 余人，较著名者有思岳、德光、悟本、道颜等。

禅门奇僧
——道济

道济（1150—1209年），南宋僧人，又名湖隐、方圆叟。俗姓李，名修元。道济禅师性狂放，行脚半天下，神异事迹颇多，广传于民间，人称济公。

济颠道济禅师像
清代线刻图，济颠道济禅师。

独特行状

道济不是一个对佛教理论有多少建树的僧人，但是他在中国民众中的知名度却非常高，他的生平事迹以及种种独特行径为广大百姓所津津乐道，甚至成为一段传奇。

道济是浙江人，出身于仕宦之家，在南宋绍兴二十年（1150年）十二月初八出生。据传道济诞生时，适逢国清寺降龙罗汉倾倒，因此人称罗汉转世。道济出生时，天台山国清寺住持性空禅师为他取名修元。

道济在父母双亡、家道中落以后，看破尘世，18岁来到杭州灵隐寺，依止瞎堂慧远禅师剃度出家。由于道济出自儒雅门庭，少

小专题

济公的故事

济公活佛无疑是中国民间除《西游记》外传播最广泛的僧人故事，以道济和尚为原型的济公故事里的济公，常徜徉市井，与小儿为伍。他慷慨好义、扶危济困、惩恶奖善、好打抱不平，并且具有种种的神通。传说中，净慈寺毁于大火，道济四处募化，在桐庐一带募得大批木材，据传木材从寺内香积井吊出，后人称该井为神运井，成为净慈寺古迹之一。济公平生喜欢救人之难、济人之急，帮助的人非常多，对于有忠孝节义、善良厚道，而身处危困的人，他都用各种力量，施舍方便，给予帮助。他惩罚的人，有盗贼土匪、贪官污吏、邪道旁门、地痞流氓等。济公为安定地方出了大力，人人拍手称快，崇拜赞扬。他的行为有点类似侠客，却又不是嗜杀成性的侠义之类。因此，一般老百姓都以“活佛”或“圣僧”称呼他。

济公圆寂后，寺僧为其修建塔院于虎跑寺中，门前有联云：“一柄破蕉扇，一领垢衲衣，终日嘻嘻哈哈，人笑痴和尚，和尚笑人痴，你看怎样？”“奔来豁虎跳，挺去翻筋斗，到处忙忙碌碌，我为度众生，众生不我度，佛叹奈何！”从中似乎可以显露济公的真精神、真面目，就是由俗显真，而后纯归于真。

东经幢

浙江杭州灵隐寺东经幢，宋开宝二年（969年）吴越国王建，原置于钱氏家庙，景祐二年（1035年）迁至今址。经幢是柱状佛教石刻，分幢座、幢身、幢顶三部分。

小时即天资聪颖，工诗文、通经史，自幼读书，于文学深有造诣，在灵隐寺曾被任为书记，一切内外文件，均出自道济之手。道济写作往往不假思索，一挥而就，诗句工整，诗意潇洒豪荡，有情有景，深寓禅机，“藐视十圣，不让三贤”，口气虽然大，然而在平凡的诗句中，却能显示出道济不平凡的心境和修养。

道济在庙里不守戒律，嗜好酒肉，性格幽默诙谐，举止癫狂，因不守寺规，受众僧攻击，瞎堂慧远禅师却说“佛门广大，岂不容一颠僧”，而平息众议。

道济禅师出家后，一身破衲衣，一双草鞋，身上不存一文钱，有酒肉就吃，无酒肉随众喝粥，饮清茶，少欲知足，生活简陋，无私无欲，确是非同凡俗的解脱僧，人们称他“非俗非僧，非凡非仙”。

慧远圆寂后，1201年，道济前往南屏净慈寺，从该寺住持德辉长老为师。

特殊语录

语录，是禅宗祖师说法开示经记录所集成的书。禅师平日说法开示，并不藻饰华词，大多以通常俗语直说宗旨，其侍者与参随弟子予以记录，搜集成册，即称语录。自唐初六祖慧能《法宝坛经》后，诸方记录渐成巨帙。五代、赵宋以后，凡知名禅师多曾出任方丈，依制度，其下必设书记，职司记录禅师之言行，日后辑成语录，如《马祖道一禅师语录》、《赵州从谂禅师语录》等。

道济的语录，全名为《钱塘湖隐济颠禅师语录》，计1卷，收于《续藏经》第121卷，但是这个语录却和平常禅师的语录不太一样，实际上是宋人沈孟柈所述之有关道济的演义小说。《钱塘湖隐济颠禅师语录》全文约9

《罗汉图》

《罗汉图》，轴，绢本，设色，纵117厘米，横55.8厘米，南宋刘松年绘，台北故宫博物院藏。

灵隐寺大雄宝殿侧的经塔

浙江杭州灵隐寺大雄宝殿侧的经塔，建于北宋建隆元年（960年），八面九层仿木构楼阁式，高11米多，大理石砌成，塔壁镌有无数石雕佛像。

万余言，除开始部分讲道济的身世外，其余皆记录塑佛、造寺、救人、治病、超度亡灵等种种神异之事。在记到济公生活小事时，说到“禅师不拘小节”，因此时人以之为癫狂，而称之为济颠。

道济的老师慧远禅师属禅宗临济系统，“七尺棒头开正眼，一声喝下息狂机”，棒打拳击，如霹雳灌顶，正是这一系的门风。济公继承慧远衣钵，虽然不检细行，放浪形骸，但仍是禅宗的一位高僧。据记载，除这本类似演义小说的语录之外，他自己撰有《镌峰语录》10卷、《志丹语录》2卷、《法丹和尚剩语》1卷，还有很多诗作，被列为禅宗四十祖。

道济于宋嘉定二年（1209年）入寂，入寂前索笔书偈曰：“六十年来狼藉，东壁打到西壁。如今收拾归来，依旧水连天碧。”之后趺坐而终，圆寂于虎跑寺，寿60，僧腊48。

布袋弥勒佛

杭州飞来峰的布袋弥勒佛。龛宽9.9米，中高3.6米，是飞来峰造像中最大的一龛，布袋和尚作为弥勒佛的化身像始于五代。

日本临济初祖
——荣西

荣西禅师（1141—1215年），日本镰仓时代前期僧人，俗姓贺阳，字明庵，号叶上房，日本临济宗的建立者。

两度入宋，禅法东传

荣西自幼聪敏超群，8岁就随父亲读深奥的经论，11岁师事吉备郡安养寺静心上人，14岁出家受具足戒，17岁时静心上人入灭，荣西追随师兄千命法师禀受虚空藏法，一心苦修精进。

日本仁安三年（1168年），决心入宋学习禅法的荣西乘商船由日本出发，抵达中国宋朝明州，上天台山巡礼灵山圣迹，见到种种瑞相，返日时携回天台新章疏30余部，共60卷。

荣西初次归国，至第二次入宋，其间约有20年，他一方面致力于禅与密法的研究和实践，另一方面暂居九州岛，作再度入宋的准备。荣西虽然兼修显密二教，但是特别专力于密教，并一身承继两流。由于荣西挂锡于叶上房，故称为“叶上流”，属台密山寺六流派之一，后来所谓的叶上派，也以荣西为祖师。

日本文治三年（1187年），荣西47岁时再度入宋，希望经由中国转赴印度。但被临安知府以“关塞不通”回绝，荣西只能转往天台山，依止万年寺虚庵怀敞禅师学禅。

《僧院访友图》

宋代，佚名，册页，绢本设色，纵23.8厘米，横26.3厘米，美国波士顿美术博物馆藏。此图描绘到寺院拜访朋友的景象。

虚庵禅师为临济宗黄龙派第八代嫡孙，试禅门之耆老，荣西在虚庵禅师处尽心钻研，参究数年后，终于悟入心要，得虚庵禅师的印可，继承临济正宗的禅法。

日本建久元年（1190 年），荣西在天台山取道邃法师所栽之菩提树枝，交付商船运回日本，种在筑前国（福冈）香椎神祠。建久二年（1191 年）秋，荣西临行辞别，虚庵禅师授予菩萨戒及法衣、印书、钵、坐具、宝瓶、柱杖等法物，以及释迦牟尼佛以下二十八祖图，并嘱咐荣西应善护持，归国布化，开示众生，继正法命。

兴禅护国，大弘禅法

荣西归国后，当时户部侍郎清贯正在建造寺院，延请荣西驻锡教化，并颁行禅规，荣西接受邀请前往。开始时才数十人依止，没有多久就已经道俗满堂。第二年，荣西建造报恩寺，行菩萨大戒布萨，为日本最早的禅戒布萨。之后，荣西全力倡扬禅法，开创寺院、制订禅规、撰述经论等，渐受教界的瞩目。

日本建久六年（1195 年），荣西在博德建立圣福寺，参禅者四方云集，声名远播，这是日本禅寺的创始。当禅风日盛时，却引发南都北岭旧宗派僧徒的嫉妒，为进行回击，荣西写下著名的《兴禅护国论》三卷，这是日本最早的禅书，说明禅对国家的重要性及佛法与王法的相依相关，主张佛法的至极即是禅。由于荣西的思想得到当时幕府和武士阶层的支持，禅法在日本终于兴盛起来。

日本禅宗虽早于奈良时代即开始流传，但并不兴盛，真正独立成宗、造成广大影响的，应当首推荣西禅师所开创的临济宗。荣西禅

烹茶画像砖

宋朝时的烹茶画像砖，一位女子正在用火箸拨着火炉中的燃料，制作功夫茶。

浙江天台山石梁飞瀑

石梁飞瀑，又称石梁雪瀑，在石桥山中方广寺前。两崖峭壁对峙，一石如苍龙耸脊横亘其间，即石梁，又称石桥。金溪与大兴坑水自东、南而至，汇合于此，形成瀑布群，主流三折穿梁而过，从高 30 米的峭壁上直泻碧泓潭，瀑布色如霜雪，势若雷霆，云涌涛激，声振林木。

师从宋回到日本后就全力倡弘禅法，在他不断推展下，禅宗呈现朝气蓬勃的景象，之后又陆续有宋、元高僧来到日本，使临济宗愈见兴隆，因此荣西禅师被尊称为日本临济禅门祖师。

吃茶养生，禅茶一味

茶文化传入日本，有两个僧人非常关键。其一是中国唐朝的鉴真大师，大师东渡日本，在带去了佛法的同时，也带去茶叶和种植方法；其二是日僧最澄法师，他在浙江天台山，对寺院茶区的种植进行了广泛的学习，并将茶树树苗带回日本，种植在近江地区的台麓山，他在日本被看做植茶第一人。

茶道东传的第二次高潮发生在宋代，有日本禅宗始祖之称的荣西两次来到中国，不仅学习佛法，而且学习禅茶文化达24年之久。荣西回国时，也携带了大量茶树种籽，并亲自种植。中国禅林从宋代起逐渐有了吃茶的风气，吃茶的礼仪、行法更成为禅门中重要的一环，于是有了“禅茶一味”的说法，荣西也将吃茶的礼仪行法运用于日本禅修中，设立每日修行中吃茶的风习，从而推动了茶风的盛行，对日本以后茶道的盛行铺垫了道路。

荣西71岁时，用中国古文体写成《吃茶养生记》，他在书中说道，茶是养生的仙药、延龄的妙术，不可不知。这是一部融合中国茶道与荣西在日本种茶经验的书，详述了茶源、茶树、种茶、采茶、制茶、茶礼、茶仪，以及茶的精神功用等。至此，日本全国推广饮茶，并逐渐养成以“和、敬、清、寂”为特点的日本茶道精神。

由于荣西对茶研究的贡献，他在日本被尊称为“茶祖”。荣西不仅是一代禅门泰斗，也是中日佛教文化交流的使者。

《斗茶图》

宋代《斗茶图》所反映的斗茶情景。唐代陆羽著《茶经》问世后，对茶的品质、采制、烹饮方法所述甚详，因此到宋代茶道颇为盛行。

《辽国点茶图》

契丹贵族喜爱饮茶，而且看重宋朝的名贵茶叶。他们接待客人的时候先汤后茶，与宋朝先茶后汤的习惯正好相反。

《应身观音》（局部）

《五百罗汉图》之《应身观音》局部，南宋周季常绘。

鸡公山

鸡公山位于河南信阳南，是大别山的支脉，主峰鸡公头又名报晓峰，像一只引颈高啼的雄鸡，因名之鸡公山。以“山明水秀、泉清林翠、气候凉爽、风景幽奇、别有天地”而驰名，特别适宜疗养避暑。被誉为“中国避暑胜地，豫南云中公园”。

禅中话“从容”
——万松行秀

行秀（1166—1246年），金国僧人，河内（今河南沁阳）人，曹洞宗著名禅师。

法名远播

行秀自幼不凡，曾多次告诉父母他要出家，父母开始不同意，后来见他态度如此坚决，只得听许他出家。行秀15岁时，父母送他到邢州（今河北邢台）净土寺，从赟允禅师落发。受具足戒后，行秀发誓要决究宗门大事，开始出游。后来在大明寺雪岩慧满禅师座下有所体悟。行秀悟道后，继续留在雪岩慧满禅师座下，执侍两年，尽得其旨。雪岩慧满禅师因此将法衣交付给行秀，并勉励他流通大法。从此以后，河西三晋一带道俗，都很钦敬行秀禅师的道名。

之后，行秀回到净土寺，构筑万松轩自居，自称“万松老人”。行秀在金朝生活50年，后30年是在元代度过的，他在两代都受到国师般的礼遇。

金章宗明昌四年（1193年），行秀奉诏到皇宫内廷升座说法，章宗皇帝亲自迎礼，宫中后妃以下都从而受法。章宗因闻法感悟，于是赐给行秀锦绮大衣，并建普度会。承安二年（1197年），行秀奉章宗之诏，住持大都仰山栖隐寺。栖隐寺是金世宗所建，行秀禅师到了那里，大振宗风，北地衲僧纷纷投到他门下。一度孤冷不振的曹洞宗，经过行秀的发扬，再度大放异彩。

元朝建立之后，元太宗在位时，行秀又奉命住持中都万寿寺，不久又移住报恩寺，一时道化隆盛。此后，行秀禅师一度在燕京报恩寺附近筑从容庵隐居，专门评唱宏智正觉禅师的《颂古百则》，后来写成《从容录》。

深契法旨

行秀兼有融贯三教的思想，常劝当时重臣耶律楚材以儒治国、以佛治心，极得楚材的称颂，说行秀“得曹洞的血脉，具云门的善巧，备临济的机锋”，一时传为时评。

行秀的传承是曹洞青源一系之禅，但是平时也深入钻研《华严经》。行秀天资敏利，对于百家之学都很精通，他曾经3次阅藏，对整个佛教教法都非常通晓。行秀著述很多，所撰《从容录》为禅学名著，经常被拿来与圆悟克勤的《碧岩录》相提并论，并推崇为禅门颂古集的双璧。尤其对曹洞宗而言，《从容录》是一部学习禅法的重要入门书，并且受到耶律楚材的极度推崇。他还著有《祖灯录》、《请益录》、《释氏新闻》、《辨宗说》、《心经风鸣》、《禅说》、《法喜集》等。这些著作，在中国禅宗史上都曾产生过较大的影响。

行秀的法嗣少室福裕，所弘尤广，还有弟子林泉从伦继续评唱颂古，撰《空谷传声》、《虚堂习听》各6卷。元定宗元年（1246年），万松行秀示寂，世寿81，遗偈道：“八十一年，只此一语；珍重诸人，切莫错举！”行秀圆寂后，弟子们为他修建了一座砖塔，被称为“万松老人塔”。

观世音菩萨和施主们的画像

宋太平兴国八年（983年），绢本着色，高102厘米，宽75.5厘米，甘肃敦煌莫高窟第17窟出土，英国伦敦大英博物馆藏。

耶律楚材像

耶律楚材像。

榆林窟 4 窟南壁

甘肃榆林窟 4 窟南壁，西夏·元朝绘画牛首纹山石。

以儒治国，以佛治心
——耶律楚材

耶律楚材（1190—1244 年），元大臣，字晋卿，号玉泉，法号湛然居士。

佛家居士，参学悟道

耶律楚材出身于契丹贵族家庭，是辽太祖耶律阿保机的九世孙。耶律楚材秉承家族传统，自幼学习汉籍，精通汉文。他起初是金国的官员，做过开州同知、左右司员外郎。

耶律楚材更是一位佛家居士，他系统研习佛学，始于 1215 年。燕京被蒙古军攻陷后，失去官职的耶律楚材为躲避战乱，遁入西山，他最初参礼圣安澄禅师，经常举自己在阅读《古尊宿语录》时所得之语句，向澄禅师请益。澄禅师间或对他的见地给予认可。于是，耶律楚材便以为自己已经开悟。随着金辽元三代的急剧变迁，耶律楚材虽然一直身居高位，但是求道之心却越来越恳切。他又再次前往参礼圣安澄禅师，当他再次谈及先前得到澄禅师认可的一些观点时，澄禅师却突然翻脸不认。

耶律楚材感到非常疑惑，便问澄禅师这究竟是何原因，禅师让他去见万松行秀，告诉他万松老人儒释兼备，宗说精通，辩才无碍，能够为他讲说明白。

耶律楚材于是前往报恩寺，礼谒万松行秀禅师。在万松行秀门下，耶律楚材精勤参究，废寝忘食，不避寒暑，经过 3 年苦修，终于得到了行秀禅师的印证。

耶律楚材作为饱读四书五经的儒士，他在论述“以儒治国，以佛治心”这一命题时，提出了自己的认识："是道（儒）不足以治心，仅能治天下。"耶律楚材这种意识，同当时的社会思想文化潮流有着密切的联系。宋辽金时代涌现出一批如克勤、契嵩、智圆、万松行秀等"学通内外"、"旁涉老庄、兼通儒墨"的高僧，他们提出"佛法即是世法，世法即是佛法"，要求"佛法据王法以立"。而佛教的学说对宋代儒家理论的升华，也发挥了极大的推动作用。从儒入佛的耶律楚材对佛教学说极力推崇，他将佛家学说视为理论的巅峰。

以儒治国，以佛治心

蒙古军攻占燕京后，成吉思汗知道耶律楚材才华横溢、满腹经纶，派人向他询问治国大计。面对干戈四起、生灵涂炭的神州大地，耶律楚材决定以自己的才华辅助成吉思汗。他得到成吉思汗的重用，随成吉思汗西征，经常和成吉思汗宣讲一些征伐、治国、安民的道理。耶律楚材在辅佐太祖、太宗的时候，时刻都没有忘记作为一名在家佛门弟子应有的慈悲济世的精神和护持佛法的使命。

元主西征之前，有司上奏，建议征调五台山等地僧徒中能咒术、通武略者，组成一支队伍，随军西征。耶律楚材上书劝谏，对此表示反对，元主觉得耶律楚材说的有道理，僧人从征之事也就没有实行。后来，大夫萧守中又上奏元主，要求废除佛教僧团，耶律楚材加以驳斥，得到元主的采纳而对佛教进行了保护。

耶律楚材在西征途中，曾经请行秀禅师评唱正觉禅师的《颂古百则》。行秀禅师颂成之后，编成《从容录》，耶律楚材特地为它的印行撰写了序言。

妇人供养者

《父母恩重经变相图》（局部），北宋（10世纪末），绢本设色。全图纵134厘米、横102厘米。出自甘肃敦煌石窟藏经洞第17窟。

太祖成吉思汗西征之时，每有战伐，耶律楚材都随军策谏，阻止了元统治者的一些极端做法，避免了无辜杀戮，保护了大量被征服地区居民的性命。太宗即位后，耶律楚材官至中书令即宰相之位。此后，他积极恢复文治，逐步实施“以儒治国”的方案，在政治、经济、文化各方面殚精竭虑，创举很多。在他的建议下，元政府采取了一系列措施，如均赋税、正官制、兴文学、核工匠、平权量等，使饱受战争创伤的民众得以安居乐业、休养生息。他的努力使新兴的蒙古贵族逐渐放弃了落后的游牧生活方式，采用汉族以儒教为中心的传统思想和制度来治理中原，使先进的中原封建农业文明得以保存和继续发展，也为后来忽必烈建立元朝奠定了基础，被誉为“社稷之臣”。

在建议元主施行教化方面，耶律楚材善用佛法的智慧，将佛法与世法圆融起来，提出“以儒治国，以佛治心”的主张。耶律楚材尊崇三宝，在他的影响下，朝野奉佛者甚多，加上他推行仁政，也化解了元朝的苛政，造福于世人。

耶律楚材不仅是一位杰出的政治家，而且多才多艺，是一个在文化艺术方面有极高修养和多种贡献的人。他是我国提出经度概念的第一人，编有《西征庚午元历》，还主持修订了《大明历》。他酷爱诗歌，写过不少诗作，现存于世的有《湛然居士文集》共14卷。

元太宗驾崩后，皇后称制，耶律楚材屡谏不听，为太后所忌，终致愤悒而卒，时年55岁。元世祖中统二年（1261年），忽必烈遵照耶律楚材的遗愿，将他的遗骸移葬于故乡玉泉以东的瓮山，即今北京颐和园的万寿山。耶律楚材死后被追封广宁王，谥号“文正”。

耶律楚材的一生，因为精通佛法，所以虽然官位显赫，但并非以做官为目的，而以救国救民为急务，这正是世间法实行的典范。

释迦牟尼佛与阿难、迦叶

《父母恩重经变相图》（局部），北宋（10世纪末），绢本设色。全图纵134厘米、横在102厘米。出自甘肃敦煌石窟藏经洞（第17窟）。

《法华经普门品变相图》

北宋建隆四年（963年），绢本设色，纵107厘米，横61.5厘米。甘肃敦煌石窟藏经洞（第17窟）。

高峰原妙禅师像

清代线刻图，高峰原妙禅师。

天目山

天目山地处浙江临安，古名浮玉山，因东、西峰顶各有一池，宛若双眸仰望苍穹，由此得名。地质古老，山体形成于距今1.5亿年前的燕山期，地貌独特，地形复杂，峭壁突兀，怪石林立，峡谷众多，自然景观优美，是儒、道、佛等文化融于一体的名山。

万法归一
——高峰原妙

原妙（1238—1295年），号高峰，吴江（今江苏苏州）人，元初高僧。

由教入禅，大振宗风

元代南方禅宗比较兴盛，主要出自宗杲和绍隆两系。宗杲弟子育王德光之后，出现了灵隐之善和北磵居简两支；绍隆的再传弟子密庵咸杰之后，出现了松源崇岳和破庵祖先两支，后者的法嗣传承被称为祖先系。

祖先系是对元代以后禅宗影响最大的一个支派，著名禅师很多，这些禅师与元王朝保持距离，关系疏远。他们一般通过接受下层民众的布施或自耕自食来维持生计，不依赖朝廷的赏赐。他们与南方其他禅师一样，大多长于诗文，有不少诗作流传，所以并不反对诠释公案的拈古与颂古，且有颂古之作。

但祖先系偏重和强调的乃是宗杲的看话禅，在祖先系的推动下，看话禅拥有广大的禅众，成为元代南方禅学的主流。祖先系给看话禅以新的内容，有强烈的时代气息和浓重的地方色彩，通过各种渠道，影响着整个元代禅宗的基调。在元代初、中期，突出代表这个支派政治态度、修行方式、生活方式以及禅学思想和实践的，就是高峰原妙。

高峰原妙 15 岁时拜嘉禾密印寺法住为师，17 岁受具足戒，学习天台教义两年，在尊教抑禅的时势下逆潮流而动，20 岁弃教入禅，在杭州净慈寺就学于断桥妙伦。妙伦让他看“生从何来，死从何去”的话头，原妙勤奋参究，但时近一年，仍然没有体悟，只好转而求教于雪岩祖钦。祖钦让他参究看话禅中的经典话头，原妙还是没有收获。他又到径山参禅，忽然在梦中想到妙伦说法时曾提到的“万法归一，一归何处”的话头，疑情顿发，由于发疑情是看话禅证悟的前提，原妙终于大获悟解。之后，原妙游学江浙，又去临安龙须山苦行隐居 9 年。

万法归一，一归何处

原妙禅思想的核心内容，可以概括为 3 句话，也可以作为修习的 3 个阶段，那就是从看话头“万法归一，一归何处”出发，运用“疑以信为体，悟以疑为用”的观念和方法，实现“无心三昧”的精神境界。原妙没有遵循宗杲选择“活句”的原则，而是提倡直接参究问话，使他的看话头与宗杲有了不同。

原妙强调，起“疑”是证悟的前提，没有“疑情”发生，就不能证悟。因此，看话头首先要起疑，而参究“万法归一，一归何处”最易实现。“万法”，泛指世间与出世间一

释迦文佛塔

福建省莆田广化寺释迦文佛塔。宋乾道元年（1165 年）前建成，仿木楼阁式佛塔，五层八角形，高 30 米。塔室空心，内壁有石级。塔檐仿砖瓦雕刻。全国重点文物保护单位。

宋代壁画

狮子、孔雀和大雁，描绘释迦牟尼佛涅槃时，众禽兽震惊、哀悼的场景。甘肃敦煌莫高窟（千佛洞）427 窟前室西顶。

切事物，“万法”所归之“一”，按当时禅宗的共识，乃是“一心”：一心生万法，万法归一心。原妙认为疑来自“信”，所谓“信”，就是对参究话头一定能证悟的信仰，并且强调“决疑”，疑必须得到解决。而“千疑万疑，只是一疑”，这“一疑”就是“一归何处”。只要解决了这“一疑”，就是成佛成祖，绝对自由。

由于过去许多禅僧把学习、研究和理解机缘公案当做修行的要务甚至目的，轻视戒律，把戒律当成可有可无的事情，导致禅宗僧人的个人修养滑坡。这不仅无助于解脱，反而有害于修行。因此，原妙的讲法很重要的一点就是特别重视戒律，反对放浪不羁的作派，他不仅自己身体力行，而且反复告诫弟子们。

原妙强调首先是在三关语中遵守戒律。原妙以看话禅授徒，也设“三关语”启悟学者，中心是引导人们参透生死和解脱生死，突出强调学僧信守戒律的重要性，并且通过解释公案表达自己重视戒律的见解，在对学僧的讲说中也强调钻研公案并不能代替戒律。

1279年，原妙到杭州天目山西狮子岩，造小室住下，称作“死关”，十多年足不出户，直到圆寂。原妙居狮子岩时，声誉日隆，雪岩祖钦禅师在当时的南方很有影响，派人送去竹篦、尘拂和法语，把他视为最得意的嗣法弟子。在此期间，原妙道名远闻，前来参学的有几万人，世称高峰古佛。

天目山伏虎瀑布

天目山有多处瀑布，形如匹练，声若落玉。伏虎瀑布在眠牛亭下，钟楼石东侧，为双清溪水之源。因有石蹲踞如卧虎，水自岩上下泻成为瀑布，故名。

江南古佛
——中峰明本

明本（1263—1323 年），元代提倡看话禅极为重要的禅师之一，高峰原妙弟子，是临济宗杨岐派虎丘绍隆支下破庵祖先系的著名禅僧。

禅门名僧

明本在南宋景定四年（1263 年）出生在杭州钱塘，年幼时，明本就已显出异于常人的一面，他 15 岁就有出家的念头，由于父亲不同意，他就在家里拜佛，每天念《法华经》、《圆觉经》、《金刚经》，日夜精进。明本的家离灵洞山不远，他常常到山顶去坐禅。20 岁时，开始阅读禅宗的语录《景德传灯录》。

元代至元二十三年（1286 年），明本因阅读《景德传灯录》有疑惑难解，经人介绍，前往求教于天目山高峰原妙禅师，并在其座下习禅。他在读诵《金刚经》至“荷担如来”处时，恍然开解，通达其义趣，至元二十四年（1287 年），明本 25 岁，正式在原妙座下出家，次年受具足戒。

明本随侍原妙的 10 年岁月中，白天劳作，夜晚习禅，元贞元年（1295 年），原妙临终前嘱咐明本接任大觉正等禅寺住持，但明本推辞不受，而推荐自己的师兄做住持，之后几十年中，各地官吏虽曾多次邀请明本住持名刹，但都被他谢绝了。

原妙圆寂后，明本开始游方弘化。大德元年（1297 年），他离开天目山，游历皖山等地，并先后于庐州弁山及平江雁荡山结庵而居。僧俗由四方来聚，明本虽婉拒他们，但前来求法的人还是越来越多，大德八年

观音大士像

南宋画家贾师古所画的观音大士像。

中峰明本禅师像

清代线刻图，中峰明本禅师。

天目山上的寺庙

天目山是我国佛教名山之一，有“天目灵山”之称。晋代佛教入山，鼎盛时期全山有寺院庵堂50余座，僧侣千余人。历代以来，天目山与印度及东南亚各国佛事往来频繁，为日本临济宗永源寺中兴的发祥地。

（1304年），明本返回天目山为原妙守塔，次年接任狮子院住持。

至大元年（1308年），由于为朝廷所重视，仁宗太子赐明本“法慧禅师”之号。不久，明本卸下狮子院住持职务，渡江北上，游历少林寺，并隐姓埋名，在城隅偏僻处租了一间土屋居住，但四方僧俗仍闻风而至，争相瞻礼，并称之为“江南古佛”。

延祐五年（1318年），明本经僧众迎请再度回到天目山后，从此在山上度过晚年，从民间大众，到朝廷文武百官、天子都对明本的德行和人格感到钦慕不已。仁宗皇帝屡次欲召见明本而被明本推脱，最后只好赐他“佛慈圆照广慧禅师”号及金斓袈裟，并将狮子院改名为“狮子正宗禅寺”。

禅学思想

明本毕生为弘扬看话禅而努力，同时又

兼弘净土，更提倡禅净融合、教禅不相离等思想。

明本经常针对禅门中学人及师家的各种弊端加以警策与诃责，以期导正禅门的不良风气。据明本所见，禅宗发展至元代时，内部产生了不少弊病，许多禅者在学禅的过程中不加思索拣择，一味囫囵吞枣般地将以往的师说死记硬背，或对祖师的言行加以模仿，却不明白根本精神之所在，结果不但丝毫没开悟，反将自己困住。为了纠正宗门的弊病，明本对丛林中诸多禅法和理论都加以批判和厘清。

明本在倡导看话禅的同时，也极重视持戒。他认为，若人不严持戒律而纵横放肆，狂妄放荡，最终不只生死难了，甚至于落入恶道，遭受无边苦报。明本不但重视戒律，而且还将参禅与戒律视为一体，主张禅与净是一体而不可分割的，他说："禅即净土之禅，净土乃禅之净土。"明本认为禅、净是体一而名二，不可分割对立，所以自是无高下之别，并作偈子说："惟禅惟净土，非下亦非高"。明本对当时佛教的弘扬可谓贡献至伟，俨然成为元代汉地佛教的代表人物之一。

至治三年（1323 年），明本自叙其出家始末，之后作偈辞别大众："我有一句，分付大众；更问如何？无本可据。"写完偈子后，明本置笔安坐而逝，世寿 61，僧腊 37。天历二年（1329 年），明本逝世后第 7 年，文宗赐谥明本"智觉禅师"，元统二年（1334 年），明本被追谥为"普应国师"，由其门人北庭慈寂所编集的 30 卷《中峰广录》也被收入《大藏经》。

雁荡山

雁荡山坐落于浙江温州乐清境内。因"山顶有湖，芦苇丛生，秋雁宿之"，故而山以鸟名。雁荡山史称"东南第一山"，以奇峰怪石、古洞石室、飞瀑流泉称胜，其中，灵峰、灵岩、大龙湫三个景区被称为"雁荡三绝"。

佛教造像大师
——阿尼哥

阿尼哥(1244—1306年)，尼泊尔人，元朝著名佛教建筑师、雕塑家、美术家。

阿尼哥雕像

北京北土城公园的阿尼哥雕像。

尼泊尔巧匠

1244年，阿尼哥出生于尼泊尔，从小就聪明勤奋。他悟性极高，深奥难懂的佛经也能很快掌握，别人诵读《尺寸经》（记载造像工艺规格的书籍），他只听了一遍便能背诵。由于很早就接触了工艺、美术和建筑方面的书籍，并对此产生了浓厚的兴趣，阿尼哥从小就立志要成为一个杰出的工匠。经过刻苦努力，他年纪不大就成了当地技艺高超的能工巧匠。

而此时，佛教分别从印度、尼泊尔以及内地大规模传入西藏，佛教寺院的建设也随之兴起。拉萨的大昭寺、小昭寺就是尼泊尔建筑和内地建筑艺术首次在藏区与藏式建筑结合的成功尝试。因此，许多尼泊尔工匠陆续前往西藏从事佛教建筑工作，而许多西藏的佛教徒和经师纷纷前往印度、尼泊尔拜师学习。特别是到了藏传佛教的后弘期，西藏和尼泊尔的交往更加频繁。

元世祖忽必烈即位后，建立国师制度，并以西藏的著名僧人、藏传佛教萨迦派首领八思巴为帝师，请他来掌管全国的佛教，统领藏族地区的政治与宗教大权。八思巴为了在西藏地区建造一座黄金塔，特意从尼泊尔招募了80位工匠来完成这个工程。当时只有17岁的阿尼哥也报了名，并和其他尼泊尔工匠翻山越岭来到西藏。

在西藏建造黄金塔的时候，17岁的阿尼哥因技艺超群被八思巴看中，指定阿尼哥为建造黄金塔工程的总监工。第二年塔建成之后，阿尼哥削发出家，成为八思巴的弟子。

元代建筑师

元朝建立后，八思巴带阿尼哥进京觐见忽必烈，将阿尼哥推荐给忽必烈。忽必烈为了考验阿尼哥，命阿尼哥修复宋代的残破针灸铜像。第二年，新像就告铸成，关节、肌肉、脉络、血管都复原如初，元朝的铸造行家们无不自叹弗如。

太白山

太白山位于陕西宝鸡秦岭北麓，是秦岭山脉的主峰。太白山以其高、寒、险、奇、秀而闻名于世，现存古栈道、寺院、铁佛像、木雕像等文物古迹数十处所。

1271年，忽必烈决定在元大都兴建一座象征王者之都的大佛塔，他亲自下命令让阿尼哥负责设计和施工。阿尼哥终于达到了他艺术道路上的高峰，他带着伟大的抱负开始了设计工作，经过长时间的思考，最终决定采用尼泊尔的佛塔样式来建造，这就是著名的北京妙应寺白塔。

1273年，元政府设立"诸色人匠总管府"统一管理营造、雕塑、冶铸及工艺制作，阿尼哥被任命为总管府总管。5年后，忽必烈封他为光禄寺大夫、大司徒，并掌管金、玉、织造等手工艺品的制作。后来又把大都咸宜里的一处漂亮宅院赐给他，还赐予他土地。

此后的30余年里，阿尼哥便在中国居住，先后主持设计和修建了三塔、九大寺、二祠祀、一道宫，其他如内外朝的文物、礼殿的神位、

宫宇的仪器、塑像及绘画作品等不可胜记。他把对家乡的思念通过元朝各地几十座寺庙、雕像凝固下来，正是这些大气、精美、具有浓郁印藏风格的艺术精品，使南亚、西域的宗教文明渗透过来。与此同时，中国的龙凤图案也进入到了尼泊尔、印度、西域人的日常生活中。

阿尼哥还积极培养元朝的艺匠，设计建造东岳庙的大名鼎鼎的刘元就是他的徒弟。刘元是河北省宝坻人，早年曾在山东为道士，在道观他接触了雕刻技术，把中国传统的雕塑技术和外来艺术融会贯通，自成一家，尤其是上都三皇像，塑造最为精彩，被认为充分把握了三位圣人微妙的神韵。虽然阿尼哥和刘元两位艺术大师的真迹已很难找到，但在北方草原的众多喇嘛寺庙中，他们的技法风格却随处可见。

1306年，阿尼哥放下了手中的规尺，离开了人世。皇帝赐谥他为“凉国敏慧公”，葬于宛平县。

塔院寺白塔

五台山塔院寺白塔，建于元大德五年（1301年），阿尼哥设计建造。

莫干山滴翠潭

莫干山是天目山的余脉，位于浙江德清县内。因春秋末年吴王阖闾派干将、莫邪在此铸成举世无双的雌雄双剑而得名。滴翠潭在武陵村口，人工开凿，潭水清澈，旁有挹翠亭，松木结构，古朴典雅。

元代高僧，日本国师
——一山一宁

一宁（1247—1317年），俗姓胡，号“一山”，浙江临海城西白毛村人。

一代高僧

一宁自幼出家，一开始在浮山鸿福寺师事无等慧融，参学临济宗大慧法系禅法，后来又到四明普光寺，从神悟处谦学习《法华经》，受天台教义，并在多位禅师处参禅。之后前往普陀山，在顽极行弥处得法，嗣虎丘法系中的曹源派之法。

元代至元二十一年（1284年），一宁到昌国祖印寺担任住持，至元三十一年（1294年），又由愚溪如智举荐为普陀寺的住持。大德二年（1298年），由于第一次出使日本未果，元政府打算再派名僧作为使者，前往日本以“通二国之好”。

浙江富春江

富春江，是钱塘江桐庐至萧山闻家堰段的别称，长110公里，流贯浙江桐庐、富阳两县。两岸岩石陡立、层峦叠嶂、江水清澈碧绿、山水相映，景色秀丽。

愚溪如智因为自己年事已高，极力推荐一宁担任使者。于是元成宗敕宣慰使阿达剌等50余人至普陀寺，宣读宣慰使手书及僧录司官书，赐一宁金襕袈裟及“妙慈弘济大师”称号，任命为“江浙释教总统”，而再次出使日本。

出使日本

作为使者的一山一宁，刚踏上日本九州岛博德的土地，就被当时镰仓幕府的执权北条贞时软禁在伊豆国（今静冈县）的修禅寺。日本朝野人士对此议论纷纷，许多人规劝贞时，贞时原本就崇奉禅宗，而一宁是著名的禅师，因此贞时就顺应众议，改变决定，任命一宁为建长寺住持。

一宁博学多才，精通诸子百家之学，又擅长书法，交游十分广泛。日本正和二年，也就是元仁宗皇庆二年（1313年），后宇多法皇下诏关东，邀请一宁入京主持南禅寺，亲询法要。从那时开始，一宁的禅法大行，朝廷官员、贵族及僧俗信徒等，纷纷前来参禅问道。之后，一宁以年老多病而多次请求退隐，法皇特地颁诏下书，慰谕使归。

日本文保元年（1317年），71岁的一宁遗书于后宇多法皇，留下了“横行一世，佛祖钦气，箭既离弦，虚空落地”的偈语，泊然而化。一宁死后，后宇多法皇赐谥“一山国师妙慈弘济大师”之号，简称“一山国师”，又敕在龟山上皇庙旁边建塔，并亲撰“宋地万人杰，本朝一国师”像赞，以示怀念之情。

一宁访日阐明元代朝廷修复中日睦邻友好的本意，结束了当时中日之间的战争状态。他留居日本近20年，为日本佛教界造就了一大批颇有影响的人才。一宁在日所传禅学法系，为古代日本禅宗24个流派之一，号“一山派”。主要弟子有龙山德见、雪村友梅、无相良真、无惑良钦、嵩山居中、东林友丘等。其中雪村友梅最为出名，门下约占一山派的八成。雪村友梅等人及他们的门徒中有许多僧人曾入元寻师求法，礼拜祖庭，归国后各化一方，为中日文化交流作出了巨大的贡献。

《泰山神启跸回銮图》

宋代壁画《泰山神启跸回銮图》，山东泰安岱庙壁画，全图纵 62 米，横 3.30 米，生动地描绘了东岳大帝出巡和返回的壮观场面，该题材的绘画全国仅此一幅。

漫天飞花雨
——佛教艺术

盛于宋代
——大足摩崖石刻

海内第一名塑
——长清灵岩寺罗汉像

镇寺之宝
——白马寺元代夹纻干漆十八罗汉

最高的喇嘛塔
——北京妙应寺白塔

元代杰作
——山西青龙寺佛教壁画

宋辽金元时代的佛教艺术独具特色，塑像水平显著提高，石刻生动精致，技巧洗练，著名佛塔流传于世，佛教绘画名家辈出，展现给世人一方慈悲亲和却又庄严殊胜的佛教艺术世界。

盛于宋代
——大足摩崖石刻

位于重庆市的大足石刻最初开凿于晚唐，历经后梁、后唐、后晋、东汉、后周五代，盛于宋代，至南宋完成，是中国晚期石窟艺术中的优秀代表。

大足石刻现存摩崖石刻造像5万余尊，铭文10万余字，遍布100多处。其中比较重要的有北山(包括北塔)、宝顶山、南山、石门、石篆山石刻，统称“五山造像”，是大足石刻中规模最大、艺术价值最高的石刻造像代表。

大足石刻以佛教造像为主，兼有儒、道

大足宝顶山石刻

重庆大足宝顶山石刻，南宋释迦涅槃圣迹图里的释迦弟子像。

月轮龛佛像

重庆大足宝顶山石刻，毗卢道场外壁的月轮龛佛像（南宋）。

三清洞

重庆大足南山石刻三清洞。是南山石窟中规模最大的。石窟正中凿成一方柱直连窟顶，除正面龛内造像三清主像等各种天神形象外，方柱的外壁左右两侧和洞窟的左右壁及后壁上有 233 尊浮雕应感天尊像。

摩崖造像第8号

重庆大足石刻石门山摩崖造像第8号，佛母大孔雀明王经变相。

造像，雕刻形式有圆雕、高浮雕、浅浮雕、凸浮雕、阴雕五种，但主要以高浮雕为主。在内容取舍和表现手法方面，大足石刻力求与世俗生活及审美情趣紧密结合，不仅有不计其数的各阶层人物形象，以及众多的社会生活场面，而且还配有大量的文字记载。其人物形象文静温和，衣饰华丽，身少裸露。造像中，无论是佛、菩萨，还是罗汉、金刚，以及各种侍者像，都很类似现实中各类人物的真实写照。尤其是宝顶山摩崖造像所反映的社会生活情景之广泛，简直可以称得上12世纪至13世纪中叶间的宋代民间风俗画廊。

作为晚期石窟艺术代表作的大足石刻在吸收、融化前期石窟艺术精华的基础上，在题材选择、艺术形式、造型技巧、审美情趣诸方面都较之前代有所突破，以鲜明的民族化、生活化特色，成为具有中国风格的石窟艺术的典范，与敦煌、云冈、龙门等石窟一起构成了一部完整的中国石窟艺术史。

圣寿寺

重庆大足圣寿寺，为南宋大足僧人赵智风所建。

海内第一名塑
——长清灵岩寺罗汉像

灵岩寺位于山东泰山西北麓长清县的灵谷峪中，建于前秦苻坚年间，开山祖师为朗公和尚，至唐朝时，灵岩寺与浙江天台国清寺、湖北江陵玉泉寺、江苏南京栖霞寺并名，被誉为“天下寺院四绝”。

千佛殿是寺内保存下来最早的木构建筑，始建于唐贞观年间，宋、明、清时予以重修，至今保存完好。千佛殿为单檐灰筒瓦顶建筑，殿面7间，建于2米高的基座上。前檐8根石柱，柱础雕刻龙、凤、花叶水波及莲瓣、宝装荷花等纹样，雕工精美，匠心独具。

殿正中佛龛上供奉3尊佛像，正中是释迦牟尼的化身，是宋代治平年间塑造，而莲花座上的数百支莲瓣细长灵巧，各个分离疏散，形成一个美妙的花坛，使塑像更显庄严。左为药师佛，右为弥勒佛，均为明代铜铸，各重5000斤。大殿四壁有上千尊高约30厘米的小佛像，多为木雕，少数为铜铸。

千佛殿中40尊等身高的彩绘罗汉像是著名的雕塑艺术珍品，根据寺内现存木牌题榜，

泰山日出

泰山日出是岱顶奇观之一，也是泰山的重要标志。随着第一缕曙光撕破黎明前的黑暗，东方逐渐由漆黑转为鱼肚白、红色，直至喷射出万道霞光，在瞬息间变幻出千万种多姿多彩的画面，令人叹为观止。

这40尊罗汉有释迦牟尼弟子、印度高僧，有中国高僧慧远、慧可等，还有灵岩寺历任住持等。

这些罗汉每尊高约1.1米，大小一致，比真人略大，塑像大都完成于宋代，少量是明代塑的。采用写实风格，不但形体、比例、相貌都与真人惟妙惟肖，血脉、筋骨也清晰可见，完全符合人体解剖学。塑像的衣饰贴体利落，对衣纹线条的曲直、角度的转折、光线的明暗都注意到了刚柔相济和虚实对比，甚至透过衣纹可以体察到人体的筋骨。此外，衣饰的细部制作也十分精致，衣带的来龙去脉和结扣的穿插都刻画得清清楚楚。

这批塑像生动地反映了我国古代雕塑的精湛技艺和艺术成就，人物性格刻画入微，风格写实。这些罗汉，有拄杖，有端拱，有静思默想，有纵目远望，有俯首低吟，有据理争辩，喜怒哀乐，各不相同。尽管这些罗汉均采用坐姿，但动作各异，形神不同，竟无一丝单调的感觉，反而因其丰富的面部表情，平添一种亲切的感觉，极具艺术感染力，因此被著名学者梁启超誉为“海内第一名塑”。

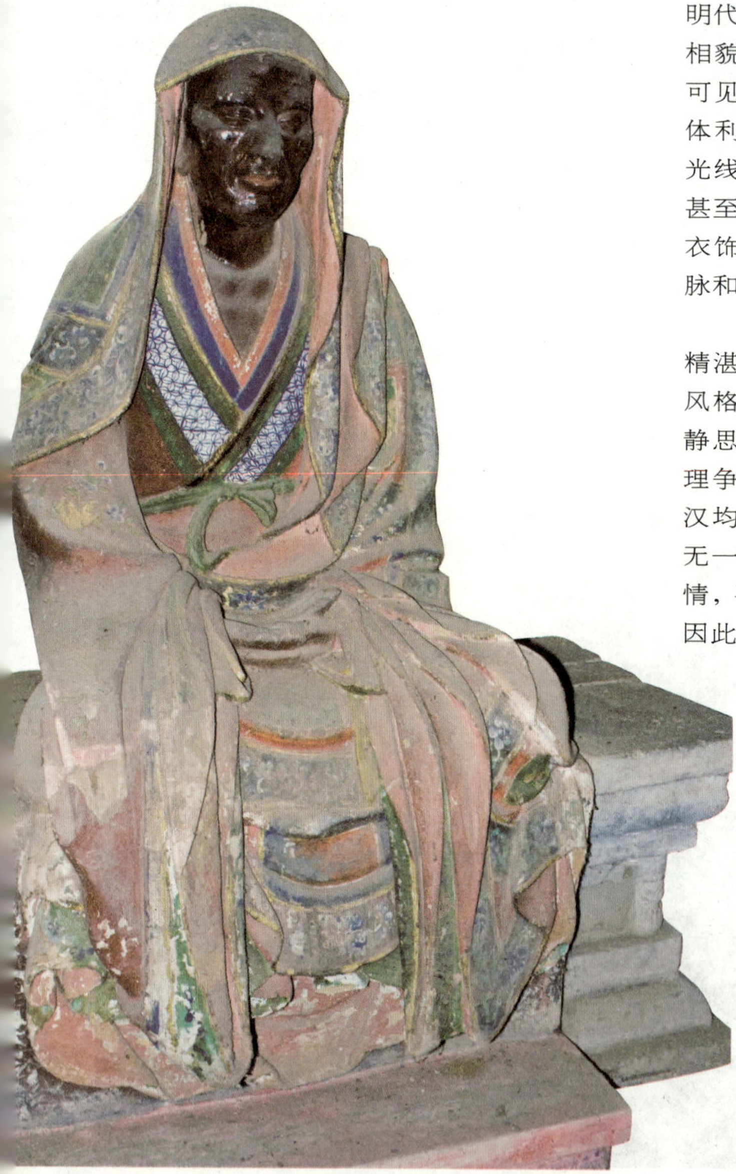

灵岩寺千佛殿塑像

山东济南灵岩寺千佛殿，南北朝时期从印度渡海来到中国的禅宗祖师达摩高僧的塑像。

镇寺之宝
——白马寺元代夹纻干漆十八罗汉

白马寺是佛教传入中国后兴建的第一座寺院，有中国佛教的“祖庭”和“释源”之称。白马寺坐北朝南，是一座长方形的院落，寺大门之外左右相对有两匹石马，大小和真马相当，形象温和驯良，这是两匹宋代的石雕马，是优秀的石刻艺术品。

白马寺的山门为明代所重建，是一并排三座拱门，代表三解脱门，部分门洞上刻有工匠姓名，皆为东汉遗物。寺内现存五重大殿，坐落在一条笔直的中轴线上，五重大殿由南向北依次为天王殿、大佛殿、大雄殿、接引殿和毗卢殿，两旁偏殿则互相对称。

大佛殿之后是供养着三世佛的大雄宝殿，两厢分列十八罗汉。这些罗汉像呈坐势，姿态不一，神情各异，是元代用夹纻干漆造像工艺塑成，十分珍贵。夹纻干漆造像的方法，大致是先用漆、麻、丝、绸在泥胎上层层裹裱，然后揭出泥胎，制成塑像。夹纻干漆造像，历史悠久，盛于隋唐，宋后则渐渐失传。用这种方法制作的成品，色彩鲜艳、光泽润亮，制作的佛像造型优美、线条流畅、神态典雅，存世造像极为罕见。

因此，白马寺中分列的中国现在仅存的元代夹纻干漆造像十八罗汉，可称白马寺的镇寺之宝。

河南嵩山

嵩山位于河南登封西北面，是五岳中的中岳，由太室山和少室山组成。它东依郑州，西临古都洛阳，北临黄河，南靠颍水。嵩山历史建筑群是世界文化遗产。

妙应寺白塔

北京妙应寺白塔。

最高的喇嘛塔
——北京妙应寺白塔

忽必烈继位后，打算在大都修建一座新式的喇嘛塔，这就是后来的北京妙应寺白塔。忽必烈选中的地方原来有一座辽道宗年间建造的舍利塔，至元八年（1271 年），阿尼哥接受了营建妙应寺白塔的任务，他带领工匠们在拆除辽国旧塔的过程中，发现了 20 粒舍利子，2000 多枚用香泥做成的小塔，一尊盛满香水的铜瓶和 5 部《无垢净光陀罗尼经》。忽必烈认为这些都是佛门的珍宝，是可以带来吉祥与瑞应的物品，命令在新塔内仍旧供奉。

香火炉
北京宣武区法源寺韦驮殿前的香火炉。

妙应寺塔是根据阿尼哥从尼泊尔带来的佛塔样式建造的，它的蓝本又是古代印度比较原始的覆钵式佛塔，这种覆钵式塔一直被藏传佛教所惯用，所以俗称为“喇嘛塔”。阿尼哥带领工匠花费近 9 年的时间，在 1279 年建好了这座白塔，整座佛塔高 50.9 米，是中国现存最高大的一座喇嘛塔，砖石结构，通体洁白，由于它的表面都涂抹着白灰，颜色洁白，故又俗称“白塔”。

这座塔由塔基、塔身和塔刹 3 部分组成。塔基是两层平面呈“亞”字形的须弥座，座上用砖雕出了一圈由 24 个巨大花瓣组成的莲花座承托塔身；塔身是一个巨大的圆形覆钵丘，下部微有内收，显得外形粗壮稳健；塔刹的刹座平面也是“亞”字形的，座上树立着下大上小、呈圆锥形的 13 重相轮，因相轮有 13 道圆环，也叫“十三天”。相轮之上是铜制的华盖，华盖四周悬挂着 36 块宽 1 米、高 2 米的流苏铜花板，每一块花板下都缀着一个铜铃。

白塔落成之日，京师为之震动，这座塔融合了中尼佛塔建筑艺术，既适应宗教活动的要求，又达到“壮观王城”的作用。元代碑文中写道：如果不是建造得这样壮丽，就无法显现出它的尊严；如果不是建造得这样雄壮，就无法显示出它君临天下的气概。

妙应寺白塔与五台山大白塔、西藏白居寺的白塔皆为阿尼哥所建造，是元代佛教建筑艺术的杰出作品。

敦煌莫高窟第 427 窟

敦煌莫高窟第 427 窟（宋）窟檐内部彩画。

元代杰作
——山西青龙寺佛教壁画

这一时期，西夏与辽的壁画都得到很大发展。西夏壁画都是佛教石窟壁画，主要集中在敦煌莫高窟和陕西榆林窟两处。西夏壁画早期受宋影响，细致写实，中期以后又受回鹘影响，逐渐形成了本民族的艺术风格。壁画气势宏大、线条有力、色彩华丽。辽代壁画的主要成就是辽墓壁画，民族特点很强，非常精彩，可以说是中国古代墓室壁画的最后闪光。

这一时期最有代表性的是山西青龙寺的元代壁画。青龙寺壁画突破了佛教绘画类型化和格式化的俗套，比山西芮城永乐宫道教壁画早 41 年。

青龙寺始建于唐龙朔二年（662 年），位于山西省稷山县城关镇马村西隅，地势开

河南禹州白沙宋墓壁画

墓主赵大翁妾与女仆。白沙宋墓是北宋末年赵大翁及其家属的墓葬，共 3 座，1951 年挖掘。

阔，土地丰饶。在青龙寺遗存佛殿中，元、明壁画最具学术价值，以大殿、腰殿、伽蓝殿居多。腰殿壁画是整个寺内壁画的精华，腰殿壁画中共有神祇300多身，所有神祇的名称，都用长方形墨框圈起，附以文字注解，四壁与扇面墙上画着僧徒礼三界诸佛、普度幽冥水陆道场之情景。在整个壁画中，最大的佛像是千手千眼观音，高2.9米。中间的佛、菩萨、明王像高1.2至1.4米。腰殿壁画总体的布局精巧有致、错落穿插，分为上、中、下三层，下层神像高不足一米，位置与常人视线持平。中、上层高度依次减少，主次分明、层次井然。

青龙寺腰殿壁画的背景有五彩祥云和多种器物，更好地组织了主体神祇人物。同时，整个队伍有如在闹市的纷繁复杂之中保留了一些秩序，整个画面动静相宜。稷山青龙寺腰殿壁画中的线条运用繁简得当，疏密聚散之间将人物情态、结构关系进行了合理而充分的表现，高超的技艺与世俗化的内容得以完美结合，唐宋遗风尽显其中。

榆林窟10窟甬道

甘肃榆林窟10窟甬道顶部，西夏壁画双凤纹图案。

图书在版编目 (CIP) 数据

普天佛香：宋辽金元时期佛教 / 熊江宁著．—郑州：大象出版社，2013.1
（中国佛教文化之旅丛书）
ISBN 978-7-5347-6944-3

Ⅰ．①普… Ⅱ．①熊… Ⅲ．①佛教史—中国—宋辽金元时代 Ⅳ．① B949.2

中国版本图书馆 CIP 数据核字 (2011) 第 234540 号

出 版 人 王刘纯
策划、组稿 北京新浪大江流文化传播有限公司
责任编辑 成 艳 张向阳
责任校对 钟 骄
装帧设计 武 德 曹志杰
图片提供 www.fotoe.com
监　　制 杨吉哲

出版发行 大象出版社（郑州市开元路 18 号 邮编 450044）
发行科 0371-63863551 总编室 0371-63863572
网　　址 www.daxiang.cn
印　　刷 河南大美印刷有限公司
经　　销 各地新华书店经销
开　　本 787×1092 1/16
印　　张 10
版　　次 2013 年 1 月第 1 版 2013 年 1 月第 1 次印刷
定　　价 29.00 元

印厂地址 郑州市索凌路北段
邮政编码 450004 电话 （0371）63789164